100个国学小故事

◎ 王意如 编著

文匯出版社

前言

“国学”是最近的一个热词。实际上,“国学”的热,已经不是第一次了。20世纪初,就有人提倡国学,并且引起了很大反响——赞成和反对的都有。到底什么是“国学”,到目前为止,还是众说纷纭的。有学者把它分为泛指、特指和专指三种。所谓“泛指”,就是说每个国家都有自己的国学,并非中国所特有。所以,当我们说“国学”的时候,其实用的是特指,也就是指中国所特有的学术。那么,这种学术又是什么呢?胡适先生认为,“国学”就是“国故学”的简称。中国过去的一切文化历史,都是“国故”,研究“国故”的学问,叫“国故学”,简称“国学”。也有学者认为,“国学”是相对于“西学”而言的,用来指称中国本有的学术。但不论是“国故学”,还是“中国学术”,范围也还都很广。如果再集中一点的话,那就是专指了。我们常说的“国学”,实际上专指以汉语言文学为主的传统学术文化。我们这本书所用的,就是“国学”的专指概念。

这本书是提供给小学阶段的学生和他们的家长做亲子阅读,也即语文教科书要求的“和大人一起读”的,所以采用了小故事的形式,但内容的选择是严肃的,体例的设计是严整的，文字的表述是严谨的，希望能深入浅出，激发孩子的阅读兴趣，引导他们正确地了解、接受和传承中华优秀传统文化。

内容上，我们遴选的是在中国文化史上影响比较大的、大家都熟悉的、出自重要文化典籍的故事。体例上，我们按照中国传统学术的“四部分类法”，按经、史、子、集四部分类，考虑到在旧笔记和小说里也有一些在内容和形式上都有可取之处、影响也非常大的文章，比如《世说新语》《聊斋志异》，虽然前者是笔记，后者是小说，但正如鲁迅先生所说，它们“记言则玄远冷隽，记行则高简瑰奇”，故事生动，文辞优美，所以我们增设“其他”一栏，保留这些重要的古籍。

讲述这些国学小故事的时候，我们采用的是转述的方法，而不是逐字逐句的翻译。为什么用这样一种方法呢？因为逐字逐句的翻译，会遇到一些无法解决的矛盾。严复先生对外语翻译提出了“信、达、雅”的要求，就是说，首先是“信”，就是准确；其次是“达”，就是通顺；最后是“雅”，就是文辞优美。而当我们翻译文言文的时候，如果要做到“信”，把每个文言实词和虚词、每一处特殊句法都翻译出来，那就很难做到“达”——也就是通顺了。因为古代汉语和现代汉语在词汇、句式上都有很大变化，扣住字词来翻译，就会失去这个故事的神采，所以我们采用转述的方法，虽然也不脱离文本，但是希望更加顺畅、好看，让同学们没有阅读障碍。同时我们在每个故事的下面都指明出处，放上原文。这样做的目的，一是让对文言文有兴趣的读者可以回过头来看看原文是怎么表述的；更重要的是，有些精彩的语言确实很难转述（翻译更不能），必须阅读原文，才能体会到那种韵律和韵味，比如范仲淹《严先生祠堂记》中，“云山苍苍，江水泱泱，先生之风，山高水长！”四字句的整饬，“云山”和“江水”的对偶，“苍苍”“泱泱”的叠词，开口呼的韵脚，都是无法很好地转述和翻译的。所以我们附上原文，供需要的时候阅读、体味、背诵。

小故事之后，会有一小段解读。这个解读不一定是对这个故事的完整的分析阐述，但是会把当中有意义或有意思的部分提出来，并且设置一到两个小问题，供读者——家长和孩子——一起讨论，希望是一次愉快的家庭读书会。每个故事的结尾处会有一个“国学小贴士”，根据上面故事的相关内容介绍一些国学的小知识，尽量准确地传达国学的相关知识，同时又简单易懂。

“国学”是中华文化的精粹，了解“国学”，熟悉“国学”，对我们建立文化自信具有很重要的作用，希望这本小书能够给小读者带来乐趣，给期盼帮助孩子阅读的家长带来方便。

编者

2022 年秋

目　录

经 部

颍考叔巧解难题

这个故事要从郑庄公的出生说起：母亲生他的时候似乎不太顺利，受了不少苦，所以一直不喜欢他，而更喜欢他的弟弟共叔段。后来，这个偏心的母亲竟然发展到帮着小儿子造反，想里应外合，夺取郑国国君的地位。郑庄公对这一切都知道得清清楚楚，早就做好了准备，一下子就粉碎了共叔段的阴谋。他也很生母亲的气，把她囚禁起来，并且对着她发誓说："今生今世，不到黄泉底下，我再也不见你了！"古人说的"黄泉"，就是指死啊，所以，郑庄公的意思就是说这辈子再也不见你了。可是，事情过去之后，他又后悔了。为什么呢？因为这毕竟是不孝的行为啊。可要是放了母亲，那不就是言而无信（说话不算数）吗？怎么办呢？

这时，颍考叔出现了。颍考叔是郑国属下一个叫"颍谷"的地方的长官，他给郑庄公献礼物，郑庄公就请他吃饭。吃的时候，他把一份肉留在边上。郑庄公问他为什么，他说："凡是我吃的东西，我母亲都吃过；但是您赐给

我的肉，我母亲没吃过，所以请允许我留着给母亲吃。”郑庄公听了，叹了口气，说：“唉，你有母亲，可以留东西给她吃，我却没有啦！”颍考叔故意问：“这是怎么回事啊？”郑庄公就把事情的来龙去脉说了一遍，并告诉颍考叔，自己心里可后悔啦。颍考叔说：“这有什么好为难的？你让人挖地三尺，一直挖到地下水出来，那不就是黄泉吗？然后你通过隧道和母亲相见，谁能说你食言了？”郑庄公按他的话挖好了隧道，自己从一头走进去，边走边唱：“大隧道的里面，真是幸福啊！”他母亲姜氏从隧道那头走出来，也边走边唱：“大隧道的外面，真是快乐啊！”母子二人就像什么事都没发生过一样，和好了。

这个故事记载在《左传·隐公元年》中，原文是这样的——

遂置姜氏于城颍，而誓之曰：“不及黄泉，无相见也！”既而悔之。颍考叔为颍谷封人，闻之，有献于公。公赐之食,食舍肉。公问之。对曰:“小人有母,皆尝小人之食矣,未尝君之羹,请以遗之。”公曰:“尔有母遗,繄我独无!”颍考叔曰:“敢问何谓也?”公语之故,且告之悔。对曰:“君何患焉!若阙地及泉,隧而相见,其谁曰不然?”公从之。公入而赋:“大隧之中,其乐也融融!”姜出而赋:“大隧之外,其乐也泄泄!”遂为母子如初。

郑庄公想和母亲和解,但又觉得不能违背自己的誓言,在“不孝”和“不信(不守讲信用)”之中,他似乎只能选一个,这让他感到为难。颍考叔就去帮他支招,解决了这一难题。当然,这个方法不免有些自欺欺人。因为郑庄公说的“黄泉”和颍考叔所谓的“黄泉”,完全不是一回事。郑庄公当然知道颍考叔在偷换概念,但有个梯子可以下台,他正求之不得,所以就照做了。这个故事写得非常好看:两个主角相互配合,演出了一场好戏。颍考叔用“食舍肉”这一行为,引郑庄公发问;郑庄公用“尔有母遗,繄我独无”的感叹引颍考叔发问。问答之间,配合默契,心领神会,了无痕迹。最后,还有一段母子对唱的描写,说说看,这个描写给你什么感觉?

国学小贴士

《左 传》

《左传》全称《春秋左氏传》,是一个叫“左丘明”的人为《春秋》这部编年体史书所做的注释和详解。因为补充的内容篇幅很大，实际上成了比《春秋》更加详尽的历史著作。同类的著作还有《春秋公羊传》和《春秋谷梁传》，合称“春秋三传”，位列“十三经”，是儒家最重要的经典之一。

一鼓作气

鲁庄公在位第十年的春天，齐国的军队来进攻了。鲁庄公准备迎战，有个叫曹刿的人请求接见。曹刿的同乡说："国家大事是吃得上肉的当权者谋划的，你掺和什么呀？"曹刿说："那些吃得上肉的当权者见识浅陋，不能深谋远虑。"于是进宫去见鲁庄公，问他："您凭什么和齐国作战呢？"鲁庄公说："吃的穿的，我都不敢独自受用，一定让别人分享。"曹刿说："这些小恩小惠您又不能让全国的人都享受到，老百姓未必就跟随您哪。"鲁庄公说："向

祖宗神灵许下的各种祭品，牛啊羊啊，或者玉石啊布帛啊，我从不敢夸口，说到一定做到。”曹刿回答说：“这种小信用不算什么，神灵未必就保佑您。”鲁庄公说：“大大小小的案子，我虽然不能一一明察，但一定尽量从实情出发。”曹刿说：“这才是做了您该做的事，可以和敌人一战。打仗的时候我跟您一块儿去。”

鲁庄公和曹刿同坐一辆车，在长勺作战。鲁庄公想要擂鼓进军。曹刿阻止说：“还不到时候。”等齐国人擂了三通鼓。曹刿说：“可以啦。”鲁国的军队一下就把齐人打败了。鲁庄公想乘胜追击。曹刿又拦住他说：“等一下。”他下车仔细察看对方的车辙印，又站到车前横木上远眺，然后说：“可以啦。”于是才追逐齐国的军队。

打了胜仗后，鲁庄公问曹刿为什么要这样做。曹刿说：“打仗，靠的就是勇气。第一通鼓擂响的时候，士气是最高涨的；第二通鼓的时候士气就有点衰落了，到擂第三通鼓的时候，气都没啦。齐国那儿的兵都没劲了，我们这儿却正士气高涨着呢，所以能战胜他们。齐国是大国，难以预料，弄不好有埋伏。我仔细看了，他们撤退时的车轮痕迹乱糟糟的，旗帜也是东倒西歪的，应该是真的败走，所以才追击他们。”

这个故事记载在《左传》里，原文是这样的——

十年春，齐师伐我。公将战，曹刿请见。其乡人曰：“肉食者谋之，又何间焉？”刿曰：“肉食者鄙，未能远谋。”乃入见，问：“何以战？”公曰：“衣食所安，弗敢专也，必以分人。”对曰：“小惠未徧，民弗从也。”公曰：“牺牲玉帛，弗敢加也，必以信。”对曰：“小信未孚，神弗福也。”公曰：“小大之狱，虽不能察，必以情。”对曰：“忠之属也，可以一战，战则请从。”

公与之乘，战于长勺。公将鼓之。刿曰：“未可。”齐人三鼓。刿曰：“可矣。”齐师败绩。公将驰之。刿曰：“未可。”下视其辙，登轼而望之，曰：“可矣。”遂逐齐师。

既克，公问其故。对曰：“夫战，勇气也。一鼓作气，再而衰，三而竭；彼竭我盈，故克之。夫大国，难测也，惧有伏焉。吾视其辙乱，望其旗靡，故逐之。”

这是一个古代的战争故事，离我们有点遥远。但其中有一个成语特别有名。你知道是哪个成语吗？试试看，用它造个句：

____

国学小贴士

左丘明

左丘明是《左传》的作者，但他到底是什么人，现在已经不清楚了。有人说他复姓左丘，名明，是个史官。有人说他名为“丘明”，因为当了“左史”这个官职，所以叫左丘明。还有人说，他名为“左丘”，因为双目失明，所以叫左丘明。类似这样的“疑案”，在文化史上有很多，都聊备一说，不能轻易下定论。

唇亡齿寒

春秋时代，晋和虢之间夹着一个虞，晋想灭虢，就去问虞借道，这已经是第二次了。虞的官员宫之奇反对说："虢是我们的屏障，它要是亡了，我们也准完蛋。不能开启晋的野心，对他们不能掉以轻心。借道这种事最多就一次，怎么能有第二次？谚语说'面颊和牙床在一起，没有嘴唇，牙齿会冷'，这就如同我们和虢的关系啊。"虞公说："晋和我们同宗，怎么会害我们？"宫之奇说："大伯、虞

仲还是天子的儿子呢，大伯不听父命，就没让他继位。虢仲、虢叔都是王季的第二代，是文王那时执掌国政的大臣，对王室有功，受封的典策还在宫府中藏着呢。连虢都要灭，怎么会怜惜虞？再说了，虞和晋的关系还能比桓叔、庄伯的后人更亲吗？桓叔、庄伯的后人有什么罪？把他们杀了，还不是因为感觉受到了威胁吗？如果觉得有威胁，就是亲戚也要杀，何况是国？”虞公说：“我认真祭祀，准备丰盛洁净的祭品，神明会保佑我的。”宫之奇说：“我听说‘鬼神可不管你是谁，只看你的行动’。老天依据的是德行。如果晋灭了虞，而崇尚德行，也用丰盛洁净的东西祭祀，神难道不接受？”虞公不听，还是答应了晋的使者。宫之奇立马带他的族人逃走，说：“虞过不到年末祭祀了。晋不用再发兵，这次就会把虞灭了。”果然，这年冬天的十二月，晋灭了虢。虢公丑逃往京师。晋军回程时又经过虞，乘机偷袭，把虞也灭了。

这个故事记载在《左传·僖公五年》，原文是这样的——

晋侯复假道于虞以伐虢。宫之奇谏曰：“虢，虞之表也。虢亡，虞必从之。晋不可启，寇不可翫。一之谓甚其可再乎？谚所谓‘辅车相依，唇亡齿寒’者，其虞、虢之谓也。”公曰：“晋，吾宗也，岂害我哉？”对曰：“大伯、虞仲，大王之昭也。大伯不从，是以不嗣。虢仲、虢叔，王季之穆也；为文王卿士，勋在王室，藏于盟府，将虢是灭，何爱于虞？且虞能亲于桓、庄乎，其爱之也？桓、庄之族何罪，而以为戮，不唯逼乎？亲以宠逼，犹尚害之，况以国乎？”公曰：“吾享祀丰絜，神必据我。”对曰：“臣闻之：‘鬼神非人实亲，惟德是依。’……神所冯依，将在德矣。若晋取虞，而明德以荐馨香，神其吐之乎？”弗听，许晋使。宫之奇以其族行，曰：“虞不腊矣。在此行也，晋不更举矣。”……冬，十二月丙子朔。晋灭虢。虢公丑奔京师。师还，馆于虞，遂袭虞，灭之。

这个故事说起来挺复杂的：晋凭什么认定虞会借道给它呢？虞公又为什么执意要借道给晋呢？如果让爸爸妈妈帮着再找些背景资料，你就更明白啦。这里，先请你记住一个成语：唇亡齿寒。你能不能试着说一说它的意思？

唇亡齿寒就是______________________________

______________________________。

国学小贴士

春秋五霸

春秋时期，周王室的势力渐渐衰微，一些强大的诸侯国为了争夺天下，开启了激烈的争霸战争。“春秋五霸”一般是指春秋时期参与争霸的最具代表性的五人。“春秋五霸”的势力、地位并不完全等同，各类史家、学者的看法也不尽相同。有说是齐桓公、晋文公、秦穆公、楚庄王和宋襄公,也有说是齐桓公、晋文公、楚庄王、吴王阖闾和越王勾践,等等。

蹇叔哭师

公元前 627 年的冬天，晋文公死了。庚辰那天，将把他埋葬在曲沃，也就是晋国祖坟所在的地方。走出国都绛的时候，棺材里忽然发出像牛一样的声音。晋国负责占卜这类事情的大臣让官员都下拜，说："这是亡君在向我们发布命令，要有战事了。西面秦国将有军队从我们的境内过，袭击他，一定会大获全胜。"

再说秦国这边。秦国派到郑国的使节杞子，从郑国派人来告诉秦国："郑国的人让我掌管北门的钥匙，如果偷偷派部队过来，可以一举拿下郑国。"秦穆公去向老臣蹇叔请教。蹇叔说："让军队长途跋涉，去袭击远处的国家，从没听说过。部队疲劳了哪还有什么战斗力，而远方的国家也早就有准备了，恐怕不行吧？调动军队，郑国一定会知道。辛辛苦苦却没有好处，战士们心中一定会滋生怨恨。再说行千里之远，谁还不知道？"秦穆公没有采纳他的意见。召集孟明、西乞、白乙等将领，让他们带兵出征。军队走到东门外的时候，蹇叔哭着说："孟明啊！

我能看到军队出去却看不到你们回来了。”穆公派人对蹇叔说：“你懂啥！你如果早点死掉，你坟墓上的树都有合围粗了！”

蹇叔的儿子也在部队里，蹇叔哭着送他，说：“晋人一定会在崤这个地方攻击你们，那里有两个陵，南陵是夏后皋的墓地，北陵是文王避风雨的地方，你们一定死在两陵之间，我就到那儿收拾你的骸骨吧。”秦军就这样往东出发了。

这个故事记载在《左传·僖公三十二年》，原文是这样的——

冬，晋文公卒。庚辰，将殡于曲沃。出绛，柩有声如牛。卜偃使大夫拜，曰：“君命大事将有西师过轶我，击之，必大捷焉。”

杞子自郑使告于秦曰：“郑人使我掌其北门之管，若潜师以来，国可得也。”穆公访诸蹇叔。蹇叔曰：“劳师以袭远，非所闻也。师劳力竭，远主备之，无乃不可乎？师之所为，郑必知之。勤而无所，必有悖心。且行千里，其谁不知？”公辞焉。召孟明、西乞、白乙使出师于东门之外。蹇叔哭之曰：“孟子！吾见师之出而不见其入也。”公使谓之曰：“尔何知！中寿，尔墓之木拱矣！”

蹇叔之子与师，哭而送之，曰：“晋人御师必于崤，有二陵焉。其南陵，夏后皋之墓地；其北陵，文王之所辟风雨也，必死是间，余收尔骨焉?”秦师遂东。

我们不妨想象一下这样的画面:军队浩浩荡荡开出北门,要去打仗了,突然人丛中走出一位老人,边哭边说:“这仗一定是打不赢的,你们有去无回了!”这有多尴尬,多不吉利?但老人不是疯子,他事先提出过忠告,但却没被采纳,现在,他的儿子也在军队里,将朝着死亡进发,这是多么哀痛的事!难怪老人要痛哭了。之后,事情的发展完全和蹇叔预料的一样,秦国的这支部队在崤被晋军打败,将领都被俘虏了。这说明当权者被野心所驱使而贸然发动战争是多么可悲。

国学小贴士

战国七雄

经过春秋时期旷日持久的争霸战争,周王朝境内的诸侯国数量大大减少。周王室名义上为天下共主,但已名存实亡。从韩赵魏三家分晋开始,一般认为进入了战国时期。七雄,是战国时期七个最强大的诸侯国的统称,分别是:秦国、楚国、齐国、燕国、赵国、魏国和韩国。

孟懿子问孝

鲁国有个官员，名叫仲孙何忌，人称孟懿子。有一天，他去请教孔子，说："怎么才是'孝'呢？"孔子说："就是不要违背礼仪。"

后来孔子出门，学生樊迟为他驾车，孔子就告诉樊迟说："孟孙来问我什么是孝，我回答他说不要违背礼仪。"樊迟不太明白，就问："这是什么意思呢？"孔子说："父母活着，要用符合礼仪的行为来侍奉他们；父母过世，要用

符合礼仪的程序来安葬他们；父母死后，要用符合礼仪的方式祭祀他们。”

后来，孟懿子的儿子，人称孟武伯的，也来请教什么是孝。孔子说：“关心父母的身体健康，为他们生病而担忧，这就是孝。”

再后来，他的学生子游也来请教什么是孝。孔子说：“现在的人啊，把能够供养父母就当作孝了。你想想，狗啊马啊，不也都养着吗？如果没有敬重的心，只是供养，那和养狗养马有什么区别？”

学生子夏也来请教关于孝的事。孔子说：“最难的是永远对长辈和颜悦色。长辈有事，年轻人来出力；有好吃的，先尽着长辈吃，这难道就是孝吗？”

这段话出自《论语·为政第二》，原文是这样的——

孟懿子问孝。子曰：“无违。”樊迟御，子告之曰：“孟孙问孝于我，我对曰，无违。”樊迟曰：“何谓也？”子曰：“生，事之以礼；死，葬之以礼，祭之以礼。”

孟武伯问孝。子曰：“父母唯其疾之忧。”

子游问孝。子曰：“今之孝者，是谓能养。至于犬马，皆能有养；不敬，何以别乎？”

子夏问孝。子曰：“色难。有事，弟子服其劳；有酒食，先生馔，曾是以为孝乎？”

“孝”是中华文化中非常重要的一个概念，在《论语》

中,“孝”字总共出现了 19 次。但是,“孝”到底是什么呢?怎样才算“孝”了呢?在这个故事中,我们看到,孔子并没有给出一个固定的答案。他是因人而异的。比如,他为什么对孟懿子说孝就是不违背礼仪呢?因为当时鲁国的几家贵族,权势都很大,根本不把等级规定当回事,不仅用了国君才可以用的礼仪,甚至用了天子才可以用的,孔子对此非常不满,所以才这样说。我们还可以看到,“孝”的对象不仅是父母,也包括其他长辈。孔子还特别强调“孝”不仅仅是行为上的,比如供养父母,为长辈出力,给他们吃好吃的;而是发自内心的,只有真正把父母放在心上,由衷地敬重他们,才能表现得和颜悦色。孔子认为,行为举止上要做到“孝”可能还不难,要由内而外、让对长辈的恭敬自然而然地化为看得见的音容笑貌,这才是最难的。

同学们不妨反省一下:你做到了吗?

国学小贴士

谥

古代社会,帝王、贵族、大臣或其他有地位的人死后,人们会根据他的生平给出一个字,里面包含着褒贬之意,这个字就叫作“谥”,也作“谥号”。有些达官贵人的谥号是由皇帝赐予的。上面文章里“孟懿子”的“懿”和“孟武伯”的“武”都是“谥”。

因材施教

中国古代有个大思想家，名字叫孔丘。人们尊称他为孔子。孔子也是大教育家，带过很多学生。有人说，他有 72 个弟子；还有人说他有 3 000 弟子呢。

孔子有个学生，名叫仲由，字子路，也叫季路，比孔子小 9 岁。子路性格直率，有时有点莽撞。有一次，子路请教孔子："是不是听到该干什么就要开始行动？"孔子回答说："你父亲和哥哥还健在，怎么能不征求长辈的意见，听到什么马上就干起来呢？"

孔子的另一个学生，叫冉求，字子有，大家都叫他冉有。他擅长理财，也有管理政事的能力。有一次，冉有也请教孔子，说："听到该干什么就应该开始行动吗？"孔子回答说："对，听到了就干起来。"

孔子还有个学生，叫公西赤，字子华，人们叫他公西华，他是个很有外交能力的人。他碰巧听到了老师和两位同学的对话，觉得有点奇怪，就问老师说："仲由他问是不是听到该干什么就得行动，您说有父亲和兄长在，不能

贸然行动；冉有问是不是听到该干什么就得行动，您却说听到就应该行动。我就不懂啦，冒昧地请教老师：为什么同样的问题，您的回答却是不一样的呢？”

孔子说：“冉有平时做事总是喜欢退缩，所以我就推他一把，让他听到就做；仲由呢，什么都要抢在头里，超过别人，所以我就压压他，让他不要太冒进。”

孔子这个当老师的能因人而异施行教育，他的学生也是各有所长。道德品行特别突出的，有颜渊、闵子骞、冉伯牛、仲弓；言谈能力特别强的，有宰我、子贡；能办理政事的，有我们上面提到过的冉有、季路；熟悉古代文献的，有子游、子夏。

这个故事记载在《论语·先进第十一》中，原文是这样的：

子路问:“闻斯行诸?”子曰:“有父兄在,如之何其闻斯行之?”

冉有问:“闻斯行诸?”子曰:“闻斯行之。”

公西华曰:“由也问:‘闻斯行诸?’子曰:‘有父兄在。’求也问:‘闻斯行诸?’子曰:‘闻斯行之。’赤也惑,敢问。”

子曰:“求也退,故进之;由也兼人,故退之。”

德行:颜渊、闵子骞、冉伯牛、仲弓;言语:宰我、子贡;政事:冉有、季路;文学:子游、子夏。

你看,孔子这个老师多好呀,他那么了解自己的学生,还根据各人不同的性格特点给予指点,对不同的人用不同的教育方法,帮助他们健康成长,这就叫“因材施教”。你在学校里,有没有遇到这样的好老师?把他的故事说给爸妈听听。

国学小贴士

经

“经”就是儒家的经典著作,有“四书”“五经”“九经”“十三经”的说法,“十三经”最多,把前面说的几种都概括了,指的是《易》《书》《诗》《周礼》《仪礼》《礼记》《左传》《公羊传》《谷梁传》《论语》《孟子》《孝经》《尔雅》等13部儒家的经典著作。

孔子和他的儿子

孔子有个学生叫陈亢。有一次，他遇见老师的儿子孔鲤，就问他："您是先生的儿子啊，您父亲会不会对您说一些我们当学生的听不到的话？"孔鲤回答说："没有啊。"他向陈亢描述了他两次见到父亲的情形——

有一次，看到父亲独自站立在庭院中，我按照小辈见长辈的规矩，小步快跑走上前去。父亲问我："学了《诗》没有？"我说："还没有呢。"父亲说："《诗》都没学过，就没什么好说的了。"告别了父亲，我就认认真真地学了《诗》。过了一段日子，又看到父亲独自站在那儿，我还是按照小辈见长辈的规矩，小步快跑走近去。父亲问："学了《礼》没有？"我回答

说："还没呢。"父亲说："没学过《礼》，无法立身处世。"我又告辞去学《礼》了。我从父亲那里听到的，就这两件事。

陈亢和孔鲤道别后非常高兴。他说："我只问了孔鲤一个问题，想不到得到了三个回答。我知道了《诗》，知道了《礼》，还知道了君子对儿子是很严肃的，不会太过亲近。"

这个故事记载在《论语·季氏第十六》里，原文是这样的——

> 陈亢问于伯鱼曰："子亦有异闻乎？"对曰："未也。尝独立，鲤趋而过庭。曰：'学《诗》乎？'对曰：'未也。''不学诗，无以言。'鲤退而学《诗》。他日，又独立，鲤趋而过庭。曰：'学《礼》乎？'对曰：'未也。''不学《礼》，无以立。'鲤退而学《礼》。闻斯二者。"陈亢退而喜曰："问一得三，闻《诗》，闻《礼》，又闻君子之远其子也。"

据史书记载，孔子好像只有一个儿子，名叫孔鲤，字伯鱼。孔鲤成人后结婚生子，他的儿子叫孔伋，字子思，也就是孔子的孙子。陈亢是孔子的学生，字子元，一字子禽，又名原亢。他和孔鲤的对话很有意思。他想知道，爸爸是当老师的，会不会教儿子多一点。这说明陈亢很好学，想从孔鲤那听到一些平时上课没听到的东西。可是孔鲤说，他似乎并没有从父亲那里额外得到些什么。两次见到父亲，都被父亲用一个问题给弹回去了。但是陈亢却从中发现了意义，他知道，在孔子眼里，《诗经》是学习的基础，得先把《诗经》学好了。其次，他知道《礼》是立身处世的关键，没学好《礼》是不行的。再次，他发现老师对自己的儿子特别严格，话都不多说，只用一个问题、一句话，就把他给拒之门外了。但仔细想想，这简短的话语中，不是清清楚楚地把学习的途径指出来了吗？

同学们读了这个故事有什么感想？试着用几句话描绘一下故事里的人：

1. 孔子是个____________________的父亲；

2. 孔鲤是个____________________的儿子；

3. 陈亢是个____________________的学生。

国学小贴士

礼

这里提到的《礼》，是儒家的经典之一。《礼》分为《周礼》《仪礼》和《礼记》，合称“三礼”。《周礼》约成书于战国时期，是一部谈国家政治制度、行政组织和职官的书。《仪礼》是一部讲各种礼仪程序和行礼细节的书。汉末，人们把附属于《仪礼》的一些从属性资料和解释性文字独立出来成为《礼记》。孔子所说的《礼》，应该是早期的记载礼的文献。

孔子与阳货

春秋时的鲁国，有几家高级官员（叫作“大夫”）权势特别大，其中就有季氏，他们家几代专权，管理鲁国的政事。季氏有个家臣，叫阳货，在季氏家族内权势也很大。孔子是特别看重君臣之礼的人，对季氏家族的专横很不满，当然也不喜欢阳货。所以阳货想要孔子去拜见他，孔子就是不去。于是，阳货就给孔子送了一头蒸熟的小猪。这下就尴尬了：礼尚往来，人家都送了礼物了，不能装聋作哑呀。于是，孔子就特意挑选了一个阳货不在的日子去回访，想着这样既不失礼，又能不和阳货见面。没想到的是，半路上居然遇见了阳货。

阳货对孔子说：“来，我和你说。”他问孔子：“一个人很有才华，却眼看自己的国家迷失了正确的方向，这能叫作‘仁义’吗？”孔子没回答。阳货自己作答说：“不能。”他又问：“一个人想要做成点事，却一次次失去机会，可以说是明智吗？”孔子仍然不做声，阳货又自己回答说：“不可以。”并说：“日子一天天过去，时间不等人啊！”孔子想了想说："好吧，我准备出来做官。"

这个故事记载在《论语·阳货第十七》，原文是这样的——

阳货欲见孔子，孔子不见，归孔子豚。孔子时其亡也而往拜之，遇诸涂。谓孔子曰："来，予与尔言。"曰："怀其宝而迷其邦，可谓仁乎？"曰："不可。——好从事而亟失时，可谓知乎？""不可。——日月逝矣，岁不我与！"孔子曰："诺，吾将仕矣。"

阳货，名"虎"，字"货"。《史记》说："孔子状类阳虎。"就是说孔子和阳货长得挺像，可是这两人的想法很不相同，所以孔子不愿意和他多打交道，特意等他不在的时候去拜访。后人把并非诚心诚意的拜访，叫作"孔子见阳货"。

关于阳货和孔子的对话，有两种不同的断句法（古人可是没有标点符号的哦）。上面是杨伯峻《论语译注》的标点，孔子在中间没有说过话，阳货一直在自问自答。还有一种标点，则把两个"不可"作为孔子的回答，阳货说："怀其宝而迷其邦，可谓仁乎？"孔子回答说："不可。"阳货说："好从事而亟失时，可谓知乎？"孔子回答说："不可。"

和爸爸妈妈讨论讨论：哪种断句和你心中的孔子形象更加吻合？

国学小贴士

来而不往非礼也

按照古代礼仪和礼制的规定，客人来访之后，主人一定要回拜。如果客人来过，主人却没有回访，那是失礼的。《礼记》所谓“来而不往非礼也”，就包含对“对别人给予自己的善意没有做出友好反应”的批评，认为是不合乎礼节的。另外，大夫有东西馈赠，也是必须要去拜谢的。因为孔子不去拜见阳货，所以阳货就送一只小猪过去，让孔子必须去拜谢。

荷篠老人

有一次，孔子和他的学生一起出游。走着走着，学生子路落到了后面，找不见老师了。他看见一位老人，用手杖挑着除草用的农具，样子像个农民，子路就问他说："您看见我老师没有？"老人说："四肢不会劳动，五谷分不清楚，什么老师啊？"把手杖往田里一插，自顾自除起草来。子路拱手作揖恭恭敬敬站着。眼看天色不早了，老人把子路带到了家里，让他住一晚再说。老人杀鸡做饭给他吃，还让他的两个儿子与他相见。第二天，子路赶上了孔子，说起昨天的事，孔子说："这应该是个有德有才而不愿出来做官的人。"让子路返回去找他。到那一看，老人已经走了。子路说："不出来做官是不对的。长辈和小辈之间的礼节不可以废除，君臣之间的大义怎么倒可以废除呢？想要独善其身，却违背了最大的伦理。君子出来做官，是施行道义，我们也知道我们的理想不一定行得通啊。"

这个故事在《论语·微子第十八》中，原文是这样的——

子路从而后，遇丈人，以杖荷蓧。子路问曰："子见夫子乎？"丈人曰："四体不勤，五谷不分，孰为夫子？"植其杖而芸，子路拱而立。止子路宿，杀鸡为黍而食之，见其二子焉。明日，子路行以告，子曰："隐者也。"使子路反见之，至则行矣。子路曰："不仕无义。长幼之节不可废也，君臣之义如之何其废之？欲洁其身而乱大伦。君子之仕也，行其义也，道之不行已知之矣。"

在这个故事中，荷蓧老人很有几分神秘。他颇有点瞧不起孔子，说他"四体不勤，五谷不分"，却又热情地招待子路。"杀鸡为黍"在当时是很隆重的款待。他让两个儿子出来相见，也是表示不把你当外人的意思。或许，他是希望子路在自己和孔子之间做个比较吧：究竟是周游列国，辛辛苦苦地宣传自己的政治主张好，还是隐居过安宁日子好。子路给出的答案是明确的：不能因为我们的政治理想难以实现就轻言放弃。不能只顾洁身自好，却忽略了君臣大义。你觉得子路的选择对吗？

荷蓧老人还有一点也很神秘：为什么子路再去找他的时候他已经不在了呢？你能猜出是什么缘故吗？如果想不出，可以问问爸爸妈妈哦。

国学小贴士

四体和五谷

四体，即四肢，指双手和双脚。加上头，即为“五体投地”的“五体”。

五谷，五种谷类作物。说法不统一。一说是麻、黍、稷、麦、豆，一说为稻、黍、稷、麦、菽，一说稻、稷、麦、豆、麻；也有说是粳米、小豆、麦、大豆、黄黍，或大麦、小麦、稻谷、大豆、胡麻的。这里提到的稻（粳米）、麦（面粉），现在仍是我们的主食；“黍”（黄黍）是黄小米，“稷”可以指谷子、高粱或小米，有时也会食用；而豆（“菽”是豆类的总称）和“麻”（胡麻），也即芝麻，是基本不当主食的。

子路问路

长沮、桀溺并肩在田里耕作，孔子带着学生路过，就让子路去问问渡口在哪。

长沮说："那个手里拿着缰绳的是什么人啊？"子路说："是孔丘。"长沮问："是鲁国的孔丘吗？"子路说："是啊。"长沮说："他呀，他应该知道渡口在哪。"

子路又去问桀溺，桀溺说："你是什么人啊？"子路说："我是仲由。"桀溺说："是鲁国孔丘的学生吗？"子路回答说："是的。"桀溺说："不好的事就像滔滔的河水，满天下都是，你们和谁一起来改变它？再说了，你与其跟着你老师，躲避坏人；为什么不干脆跟着逃避世事的人？"一边说，一边自顾不停地干着农活。

子路走回去，把他们说的话告诉孔子，夫子很失望地说："我又不能和鸟兽为伍，我不和这些人在一起又能和谁在一起？如果天下太平，我也就不掺和政事了。"

这个故事在《论语·微子第十八》中，原文是这样

的——

长沮、桀溺耦而耕，孔子过之，使子路问津焉。长沮曰："夫执舆者为谁？"子路曰："为孔丘。"曰："是鲁孔丘与？"曰："是也。"曰："是知津矣。"问于桀溺，桀溺曰："子为谁？"曰："为仲由。"曰："是鲁孔丘之徒与？"对曰："然。"曰："滔滔者天下皆是也，而谁以易之？且而与其从辟人之士也，岂若从辟世之士？"耰而不辍。子路行以告，夫子怃然曰："鸟兽不可与同群，吾非斯人之徒与而谁与？天下有道，丘不与易也。"

这个故事中的长沮和桀溺，后人觉得似乎不是真的人名。你看，"长"和"桀"都有高大、魁梧的意思，"沮"和"溺"都是浸在水里的意思，就是说有两个高高大大的农人在水田里干活，至于姓名嘛，大概也没问，姑且就这么叫着。从他们说的话来看，应该是隐士一类的人物。他们并不是反对孔子的主张，只是觉得他这样奔波是徒劳的，无法改变现实。

如果你是子路，和长沮、桀溺有过这样的交谈，你会有些什么样的想法？和爸爸妈妈交流交流。

国学小贴士

古代的农具

这个故事中，有三个"耒"字部首的字：耦、耕和耰。

耒，是古代的一种农具，样子有点像木叉。以“耒”字为部首的字，大多和农作有关，或者是一种农具，或者是一种农活。“耕”是用犁把田里的土翻松。从文献来看，春秋时期，“耕”这种活已经是人驱使牛来干了。孔子有个学生名字叫冉耕，字就是“伯牛”；还有个学生叫司马耕，字就是“子牛”。“耦”是两人并肩耕作，“耰”也是农具，类似大木榔头，用来平整土地，把土坷垃敲碎。其他“耒”字部首的，还有“耖”“耢”“耜”“耱”“耧”“耩”“耨”等，用来称呼各种各样的农具；“耘”是除草；古代会专门留一块地，由皇帝亲自耕种（当然实际上并不是），叫作“耤”，也和“耒”字部首有关。

五十步笑百步

梁惠王对孟子说:“我对国家可算是尽心的了。黄河以南发生灾情,我就把灾民迁移到黄河以东,把赈灾的粮食发到黄河以南;如果黄河以东有灾情发生,我也是这样做。看看邻国,没像我这样用心的。可是邻国的百姓没少下来,我这里的人口也没多起来,这是什么道理呢?”孟子回答说:“您不是喜欢打仗吗?我就用战争来打个比方吧。战鼓‘咚咚咚’地擂响,真刀真枪地打起来了,有士兵丢弃铠甲拖着兵器逃走。有人逃了一百步停下来,有人逃了五十步停下来。如果逃走五十步的人嘲笑逃走一百步的人,您觉得怎么样呀?”

梁惠王说:“那不行,

只不过没逃到一百步罢了，那也是逃跑的呀。”

孟子说：“大王您知道这个道理，那就别指望您百姓比邻国多了。一个国家只要不违背农时，好好种庄稼，粮食就吃不完；不用细密的网去捞鱼，鱼、鳖等就吃不完；不乱砍滥伐，木材就用不完。粮食和鱼、鳖等吃不完，木材用不完，百姓活着有吃的，死了有棺材可睡，就没什么可担心的了。生死都不用担心，王道就开始啦……如果猪狗吃了人吃的东西却不懂得去制止，路上有饿死的人还不赶快开仓救济。人死了，就说‘不是我的问题，是收成不好’，这和杀了人以后说‘不是我杀的，是刀杀的’有什么两样？您不要怪罪收成，这样天下的百姓就来了。”

这个故事记载在《孟子·梁惠王（上）》里，原文是这样的——

梁惠王曰：“寡人之于国也，尽心焉耳矣。河内凶，则移其民于河东，移其粟于河内；河东凶亦然。察邻国之政，无如寡人之用心者。邻国之民不加少，寡人之民不加多，何也?”孟子对曰：“王好战，请以战喻。填然鼓之，兵刃既接，弃甲曳兵而走。或百步而后止，或五十步而后止。以五十步笑百步，则何如?”梁惠王曰：“不可，直不百步耳，是亦走也。”曰：“王如知此，则无望民之多于邻国也。不违农时，谷不可胜食也；数罟不入洿池，鱼鳖不可胜食也；斧斤以时入山林，材木不可胜用也。谷与鱼鳖不可胜食，材木不可胜用，是使民养生丧死无憾也。养生丧死无憾，王道之始也……狗彘食人食而不知检，涂有饿莩而不知发，人死，则曰：非我也，岁也。是何异于刺人而杀之，曰：非我也，兵也？王无罪岁，斯天下之民至焉。”

这是孟子和梁惠王的一段对话，里面用了两个很有趣的比喻：一个是五十步笑百步，一个是杀了人怪兵器。这两个比喻都很形象，一眼就能看出其中不合理的地方，所以梁惠王一听就觉得不可以五十步笑百步。孟子就顺着这个思路给他讲治国的道理。后来“五十步笑百步”就成了成语，指犯了同样性质的错误，程度较轻的嘲笑程度较重的。你能在生活中找出一个“五十步笑百步”的例子吗？

国学小贴士

孟 子

孟子名轲，字子舆，大约出生于公元前372年，公元前289年去世，邹国（今山东邹城东南）人。孟子是战国时期杰出的哲学家、思想家、教育家，是孔子之后、荀子之前的儒家学派的代表人物，与孔子并称“孔孟”。

梁惠王以羊换牛

孟子问梁惠王:“我听说有一次您坐在厅堂上,有人牵着牛从堂前走过,您问:‘这是要把它牵到哪儿去啊?’那人回答说:‘要杀了它,用它的血来祭钟。’您说:‘放了它吧。我不忍心看它那怕得发抖的样子,像是知道自己无罪却要被杀。’那人说:‘那不祭钟了?’您说:‘怎么能不祭?去换只羊吧。’有这事没有?”

梁惠王回答说："有的。"

孟子说："您有这份心意就足以称王了。百姓都认为你是吝啬的，但我知道您这是不忍心。"

梁惠王说："对呀，确实有说我小气的百姓！齐国再偏小，我也不会吝惜一头牛啊。我只是看不得它吓得哆嗦的样子，所以让人换只羊。"

孟子说："你用小的换大的，怪不得百姓认为你小气呢，他们怎么知道您是怎么想的？您要是怜悯它没有过错却要被杀，那牛和羊又有什么区别呢？"

梁惠王笑了："真的，我怎么会这样想啊？我并不吝惜钱财，却换了只羊，难怪百姓说我小气。"

孟子说："没关系，这就是仁义，因为您看到了牛而没看到羊。君子对于禽兽，见了它活的样子，就不忍心看它死；听到它的叫声，就不忍心吃它的肉。所以君子总是离厨房远远的。"

梁惠王很高兴地说："《诗经》说，他人有心，我来揣度。说的就是您哪。我自己这么做了，反过来想想，倒不明白是怎么回事，您这样一说，真说到我心坎里去了。"

这件事记载在《孟子·梁惠王(上)》里。原文是这样的：

曰："臣闻之胡龁曰，王坐于堂上，有牵牛而过堂下者，王见之，曰：'牛何之？'对曰：'将以衅钟。'王曰：'舍之。吾不忍其觳觫，若无罪而就死地。’对曰：‘然则废衅钟与？’曰：‘何可废也，以羊易之。’不识有诸？”

曰：“有之。”

曰：“是心足以王矣。百姓皆以王为爱也，臣固知王之不忍也。”

王曰：“然。诚有百姓者！齐国虽褊小，吾何爱一牛。即不忍其觳觫，若无罪而就死地。故以羊易之也。”

曰：“王无异于百姓之以王为爱也。以小易大，彼恶知之？王若隐其无罪而就死地，则牛羊何择焉？”

王笑曰：“是诚何心哉？我非爱其财而易之以羊也，宜乎百姓之谓我爱也。”

曰：“无伤也，是乃仁术也，见牛而未见羊也。君子之于禽兽也，见其生，不忍见其死；闻其声，不忍食其肉。是以君子远庖厨也。”

王说曰：“《诗》云：‘他人有心，予忖度之。’夫子之谓也。夫我乃行之，反而求之，不得吾心，夫子言之，于我心有戚戚焉。……”

这件事听上去有点好笑吧？为什么怜悯牛就不怜悯羊呢？可孟子不是这么想的，他抓住这件事，劝说梁惠王：你有怜悯之心，这是好事；不过你既然能怜悯禽兽，为什么不能爱护百姓，让他们过上好日子呢？这是你可以做到的事呀。这种说话技巧，你也可以学学。

国学小贴士

《孟　子》

《孟子》是战国时期孟子的言论汇编，由孟子及其再传弟子共同编撰而成，是重要的儒家经典，宋以后列为“四书”之一。分“梁惠王”“公孙丑”“滕文公”“离娄”“万章”“告子”“尽心”七章，每章又分“上”“下”，各章包含的内容多寡不等，少的5节、8节，最长的有46节。

拔苗助长

公孙丑问孟子："请问先生您的长处在哪?"孟子回答说："我能识别各种言论,我善于培养我的浩然之气。"公孙丑说："请问什么叫浩然之气?"孟子说："难说清楚啊。它作为一种气,最为盛大刚强,靠正直去培养它而不伤害它,就会充塞天地之间。作为一种气,它要和义与道配合;没有这些,它就会萎缩。它是在不断积累'义'的过程中产生的,不是偶然有过正义举动就有的。如果行为有愧于心,气就萎缩了。因此我说,告子这个人啊,还是没懂得'义'的道理。因为他把'义'看作是可以凭借外力来完成的。对于重要的事情,不能希望它怎么样就觉得它一定会怎么样,心里可以不忘,时刻惦记着,但不能用外力去促成。不能像宋国的那个农人那样。宋国有个农人,觉得田里的禾苗长得太慢,非常担忧,就亲自下田,去把它一棵棵往上拔,看上去,禾苗一下子还真长高了不少。他稀里糊涂地回到家里,对家人说:'今天我可是真累死了,我让禾苗长高不少呢。'他儿子急忙走到田里去,一看，禾苗都枯萎死掉了。天下能不去拔苗助长的人太少了。认为做了也没用因此而什么都不做的，是不去耕耘的人。去用蛮力帮助它成长的，就是拔苗的人。这非但对禾苗没有好处，还会害了它呢。”

这个故事记载在《孟子·公孙丑（上）》里，原文是这样的——

> 敢问夫子恶乎长？曰：“我知言。我善养吾浩然之气。”“敢问何谓浩然之气？”曰：“难言也。其为气也，至大至刚；以直养而无害，则塞于天地之间。其为气也，配义与道；无是，馁矣。是集义所生者，非义袭而取之也。行有不慊于心，则馁矣。我故曰：告子未尝知义，以其外之也。必有事焉而勿正，心勿忘，勿助长也。无若宋人然。宋人有闵其苗之不长而揠之者；芒芒然归，谓其人曰：‘今日病矣，予助苗长矣。’其子趋而往视之，苗则槁矣。天下之不助苗长者寡矣。以为无益而舍之者，不耘苗者也。助之长者，揠苗者也。非徒无益，而又害之。”

这个故事流传很广。有人根据原文把它叫作“揠苗助长”。因为“揠”就是“拔”的意思，所以也有人就叫它“拔苗助长”。意思都一样，就是说如果不尊重事物的发展规律干涉它，盲目求快，即使动机是好的，后果也会很坏。有趣的是，孟子在讲这个故事的时候，还用了一些很生动的描写，比如宋人拔苗之后回家，是“芒芒然”的，这里的“芒”，就是“茫”，意思是糊里糊涂。宋人能做出拔苗的蠢事，一定是个头脑不清楚的人，所以是“芒芒然”。孟子还用了语言描写：“今日病矣。”想象一下，宋人说这句话的时候是什么口气？试着配上动作，学给爸妈听听，看能不能表现出宋人既疲惫不堪又洋洋得意的心理。

国学小贴士

告　子

告子多次出现在《孟子》中，和孟子就一些问题展开论辩。但究竟有没有告子这个人，一直是有争议的。有人认为，告子就是个虚构的人物，孟子借助他来完成对话体的散文。也有人认为告子实有其人，是战国时的思想家，法家人物，曾受教于墨子，所以《墨子·公孟篇》中也记载了有关告子的故事。也有人考证下来说，告子是孟子的学生。

弈秋教棋

有一次，孟子和一位君王讨论问题，他对君王说：“您不够明智，这一点儿也不奇怪啊。虽然天下能生长的物种很多，但如果曝晒一天，又冻它十天，就没有能够存活下来的。现在我见您的时间很少，我一不见您，那些围着您吐寒气的人就又来了，我好不容易才培养出来的那一点点萌芽还怎么能生长呢！就说下棋的棋艺吧，说起来是一件很小的事情，但是不专心致志，也学不会的。比如说弈秋，他是全国闻名的围棋高手。让弈秋教两个人下棋，其中有一个人是专心致志的，只听弈秋的教导；另外一个人，虽然也在听，但思想却在开小差，心里想着一会儿是不是有鸿鹄飞过来呢，要是它飞过来，我怎么拿起弓箭去射杀它呢。这样，他虽然和另一个人一起在学下棋，但棋艺的进步就不能相比了。这是因为他不够聪明吗？答案当然是：不是这样的。”

这个故事选自《孟子·告子（上）》，原文是这样

的——

“无或乎王之不智也。虽有天下易生之物也，一日暴之，十日寒之，未有能生者也。吾见亦罕矣，吾退而寒之者至矣，吾如有萌焉何哉！今夫弈之为数，小数也；不专心致志，则不得也。弈秋，通国之善弈者也。使弈秋诲二人弈，其一人专心致志，惟弈秋之为听；一人虽听之，一心以为有鸿鹄将至，思援弓缴而射之。虽与之俱学，弗若之矣。为是其智弗若与？曰：非然也。”

孟子在这里讲了一个弈秋教棋的故事。弈秋的名字应该叫“秋”，“弈”是下棋的意思，尤其是指下围棋。因为他围棋下得特别好，所以人们叫他“弈秋”。这个故事说明的道理是：做一件事情，专心致志很重要；有时候，一个人比另一个人优秀，关键并不是因为他聪明，而是因为他专心。但是，这个故事是孟子说给君王听的，因此它又被赋予了另一个含义，那就是：想要治理好国家，就要坚持仁政，不能一曝十寒。这里的两个成语，你记住了吗？

国学小贴士

“暴”和“曝”

“暴”在古汉语中，有两个读音，读pù的时候，是“晒”的意思，和“曝晒”的“曝”是一样的意思。所以成语“一曝十寒”，也可以写成“一暴十寒”，但这个时候一定不能读bào。我们比较熟悉的、读bào的时候，是凶猛的意思，可以用在人身上，比如“暴徒”；也可以用在自然现象上，比如“狂风暴雨”。

史部

二桃杀三士

齐景公手下有公孙接、田开疆和古冶子三个勇士。晏子对景公说:“您这几位,上无君臣大义,下无长幼伦理,对内不能禁止暴力,对外不能威慑敌人,这有害于国家,应该除掉。”景公说:“这三个人,怕是抓又抓不住,杀又杀不成啊。”晏子说:“他们都是有蛮力而不懂长幼礼貌的人。”于是让景公派人给他们两个桃子,说:“您三位依据功劳来分桃吧。”

公孙接仰天长叹说:“我一次缚住了野猪,第二次捆住了哺乳的母老虎,像我的功劳,可以吃桃了。”说着起身拿了一只桃。田开疆说:“我两次带兵打仗击退敌人,像这样开疆辟土的功劳,当然可以吃桃。”也起身拿了一只桃子。古冶子说:“我曾跟随国君渡河,一只大鼋咬住车辕左边的马拖进水里。那时我年轻,不会游泳,但还是在水里倒走百步,又顺行九里,终于找到鼋并杀了它,我左手握住马尾,右手拎着鼋头,像鹤一样跃出水面。渡口的人都说:‘这是河神啊!’在我看来,那就是大鼋的脑袋。

我这样的功劳，应该可以吃桃。你们二人应该把桃子还回来！”说着，拔剑而起。

公孙接、田开疆说：“我们没你勇敢，功劳没你大，不谦让就拿了桃，这是贪心；这样还不去死，这是不勇敢。”他们都把桃放回来，抹脖子自杀了。古冶子说：“他们两人为这事死了，我一个人活着，这是不仁；我夸大其词，用话语羞辱他们，这是不义；后悔自己所做的事，不去死，这是不勇敢。虽然说，他们两人同吃一个桃子，而我独自占有一个桃子也是应该的。”说完也交还桃子，自刎身亡。

这个故事记载在《晏子春秋》中，原文是这样的——

公孙接、田开疆、古冶子事景公……晏子入见公曰：“……今君之蓄勇力之士也，上无君臣之义，下无长率之伦，内不以禁暴，外不可威敌，此危国之器也，不若去之。”公曰：“三子者，搏之恐不得，刺之恐不中也。”晏子曰：“此皆力攻勍敌之人也，无长幼之礼。”因请公使人少馈之二桃，曰：“三子何不计功而食桃？”

公孙接仰天而叹曰：“……接一搏狷而再搏乳虎，若接之功，可以食桃而无与人同矣。”援桃而起。田开疆曰：“吾仗兵而却三军者再，若开疆之功，亦可以食桃，而无与人同矣。”援桃而起。古冶子曰：“吾尝从君济于河，鼋衔左骖以入砥柱之流。当是时也，冶少不能游，潜行逆流百步，顺流九里，得鼋而杀之，左操骖尾，右挈鼋头，鹤跃而出。津人皆曰：‘河伯也！’若冶视之，则大鼋之首。若冶之功，亦可以食桃而无与人同矣。二子何不反桃！”抽剑而起。

公孙接、田开疆曰：“吾勇不子若，功不子逮，取桃不让，是贪也；然而不死，无勇也。”皆反其桃，挈领而死。古冶子曰：“二子死之，冶独生之，不仁；耻人以言，而夸其声，不义；恨乎所行，不死，无勇。虽然，二子同桃而节，冶专其桃而宜。”亦反其桃，挈领而死。

这个故事也许会让同学们有点奇怪：为了一只桃子，至于吗？但在古人看来，气节、荣誉却比什么都重要。不管这个故事是真是假，至少它反映的是这样一种精神。另外，晏子是个身材矮小的人，他略施小计，就让三个大汉同归于尽，可见那时的人就已充分认识到了有时智力比体力更厉害。

国学小贴士

晏 子

晏子名婴，字仲，谥平，人们时常称他为“晏平仲”。出生于公元前578年，公元前500年去世，夷维（今山东省莱州市）人。他是春秋时期著名政治家、思想家、外交家。据说他个子矮小，但聪颖机智，能言善辩，担任齐国上大夫期间，对内对外都为齐国做出了不小的贡献。

晏子使楚

晏子作为齐国的使臣出使楚国。楚国人知道晏子身材矮小,故意在高大的城门旁开了一扇小门来迎接晏子。晏子不进去,说:“出使狗国的人,才从狗洞中进去。现在我出使的是楚国,不该从这门进。”迎接的人只好把大门打开,让晏子从正门进入。

晏子拜见楚王,楚王讥笑道:“齐国没人了吗?竟派你这样的人当使者。”晏子答道:“齐国首都临淄人口可多啦,张开衣袖连在一起可以把阳光都遮蔽了,挥洒下来的汗水就像下雨一样,肩挨着肩,脚跟着脚,怎么能说齐国没人呢?”楚王又说:“既然这样,那为什么派你这样的人当使臣呢?”晏子回答说:“齐国派使臣,是有标准的。若是贤明之人,就派遣他出使君主贤明的国家,不贤明、没有德才的人就派遣他出使君主无能的国家。在齐国我是最无才无能的,所以就只好出使到您的国家来了。”

晏子到了楚国,楚王请晏子喝酒,正喝得高兴,两个侍卫绑着一个人来到楚王面前。楚王装作不经意地问道:“绑着的是什么人?”侍卫恭恭敬敬地回答:“他是齐国人,因为偷窃被捕。”楚王看着晏子说:“齐国人就这么会偷东西吗?”晏子离开坐席,郑重地回答道:“我听说,橘生长在淮河以南就是橘子,生长在淮河以北就变成了枳,橘和枳叶子的形状很像,但果实的味道却截然不同。这是为什么呢?是因为水土条件不同。现在百姓在齐国不偷东西,到了楚国就开始偷东西,莫不是楚国的环境使百姓变得会偷窃了?”楚王苦笑着说:“圣人是不能同他开玩笑的,我反倒自取其辱了。”

这篇故事选自《晏子春秋》,原文是这样的——

晏子使楚。楚人以晏子短,为小门于大门之侧而延晏子。晏子不入,曰:“使狗国者从狗门入。今臣使楚,不当从此门入。”傧者更道,从大门入。见楚王,王曰:“齐无人耶?使子为使。”晏子对曰:“齐之临淄三百闾,张袂成阴,挥汗成雨,比肩继踵而在,何为无人!”王曰:“然则何为使子?”晏子对曰:“齐命使,各有所主。其贤者使使贤主,不肖者使使不肖主。婴最不肖,故宜使楚矣。”……晏子至,楚王赐晏子酒,酒酣,吏二缚一人诣王。王曰:“缚者曷为者也?”曰:“齐也,坐盗。”视晏子曰:“盗乎?”晏子避席对曰:“婴闻之,橘生淮南则为橘,生于淮北则为枳,叶徒相似,其实味不同。所以然者何?水土异也。今民生长于齐不盗,入楚则盗,得无楚之水土使民善盗耶?”王笑曰:“圣人非所与熙也,寡人反取病焉。”

同学们读这个故事,不要只看到晏子的反唇相讥,觉得他怼人怼得很痛快,而是要从中学会做人的道理。这些道理包括:首先,要尊重别人,哪怕是长相或别的方面有缺点的人(比如晏子的个子矮小),尤其不能嘲笑别人生理上的缺陷,不能羞辱别人;第二,如果有人故意羞辱自己,要沉着应对,有理不在声高,要用智慧维护自己的人格尊严。在平时的生活中,这两点你做到了吗?

国学小贴士

《晏子春秋》

《晏子春秋》,又称《晏子》,是记载晏婴言行的一部历史典籍。《晏子春秋》在宋代被学者认为是伪书,研究的人很少。1972年,银雀山汉墓出土了竹简本的《晏子春秋》,证明此书应该是真的。《晏子春秋》是根据史料和民间传说汇编而成的,内容很丰富。经过汉代刘向的整理,共有内、外8篇,215章。

苏秦刺股

苏秦是个非常刻苦的读书人，他本想说服秦惠王联合一两个诸侯国，瓦解六国联盟，但是被拒绝了。他一连上了十次奏章，都没有被采纳。黑貂皮的大衣穿破了，百斤黄金用完了。日子过不下去，他只好离开秦国回家。他打着绑腿，穿着草鞋，背着书袋，又黑又瘦，满面惭愧。回到家，妻子自顾自纺织，嫂子不给他做饭，连父母都不和他说话。苏秦感慨说："妻子不把我当丈夫，嫂子不把我当小叔，父母不把我当儿子，这都是我的错！"于是晚上他把所有书都找出来，几十个书箱排列在那里。他找到兵书《太公阴符》，认真诵读，反复理解其中的意思。昏昏欲睡时，就用锥子刺自己的大腿，血一直流到脚上。他说："这样去游说国君，还怕他不用金玉锦绣来赏赐我？还怕得不到卿相这样尊贵的职位吗？"一年之后，他觉得有把握了，说："现在真的可以去游说当世的君主了！"于是他来到赵王居住的宫殿，在华丽的屋宇中游说赵王。他击着手掌，侃侃而谈。赵王听了特别高兴，封他为武安

君，拜他为相，给他一百辆皮革包裹的马车，车上放着千匹丝绸，百对白璧，万两黄金，跟在他身后，让他游说别的国家放弃和秦国的联盟，大家一起抵御强秦。所以，苏秦在赵国为相的时候，六国通往秦国的要道函谷关交通是断绝的。当时，天下那么大，民众那么多，王侯那么威武，谋臣那么有权，都愿意听从苏秦的决策。赵国没有耗费一升一斗的粮食，没有动用一兵一卒，没有折断一根弓弦一支箭，就让诸侯们互相亲近，相处得像兄弟一样了。

苏秦的故事记载在《战国策·秦策》里，原文是这样的——

说秦王书十上而说不行。黑貂之裘弊，黄金百斤尽，资用乏绝，去秦而归。羸縢履蹻，负书担橐，形容枯槁，面目犁黑，状有归色。归至家，妻不下纴，嫂不为炊，父母不与言。苏秦喟然叹曰："妻不以我为夫，嫂不以我为叔，父母不以我为子，是皆秦之罪也！"乃夜发书，陈箧数十，得《太公阴符》之谋，伏而诵之，简练以为揣摩。读书欲睡，引锥自刺其股，血流至足，曰："安有说人主，不能出其金玉锦绣，取卿相之尊者乎？"期年，揣摩成，曰："此真可以说当世之君矣！"于是乃摩燕乌集阙，见说赵王于华屋之下，抵掌而谈。赵王大悦，封为武安君，受相印。革车百乘、绵绣千纯、白璧百双、黄金万溢以随其后，约从散横以抑强秦，故苏秦相于赵而关不通。当此之时，天下之大，万民之众，王侯之威，谋臣之权，皆欲决苏秦之策。不费斗粮，未烦一兵，未战一士，未绝一弦，未折一矢，诸侯相亲，贤于兄弟。

读完这个故事，你喜欢苏秦这个人吗？把你喜欢（或不喜欢）他的理由告诉爸爸妈妈，和他们讨论讨论。

国学小贴士

纵横家

战国时有一种读书人，专在各诸侯国活动，以游说的方式从事政治或外交活动。或者主张秦国东西联合，瓦解六国联盟（叫作"连横"），或者主张南北联合抵抗强秦（叫作"合纵"），人们称之为"纵横家"，是先秦诸子中的一种。苏秦就是纵横家的代表人物。

邹忌讽齐王纳谏

邹忌个子高高的，容貌光艳美丽。一天早晨，他对着镜子穿衣戴帽时，看到了自己，就问妻子："我与城北徐公比，谁更漂亮？"他妻子说："您漂亮极了，徐公哪能比得上您哪。"城北的徐公，是齐国的美男子。邹忌不相信自己会比徐公漂亮，就又问他的侍妾："我与徐公谁更漂亮？"侍妾说："徐公怎么能比得上您呀？"第二天，有客人从外边来，邹忌坐着同他闲聊时，又问他："我和徐公谁漂亮？"客人说："徐公不如您漂亮。"

正好第二天徐公来了，邹忌仔细端详他，自己觉得不如徐公漂亮；再照镜子看看自己，更觉得远远比不上徐公。晚上躺在床上寻思这件事，他想明白了："妻子说我漂亮，是偏爱我；侍妾说我漂亮，是怕我；客人说我漂亮，是有求于我。"

于是他上朝拜见齐威王，说："我知道自己确实不如徐公漂亮。我的妻子偏爱我，我的侍妾害怕我，我的客人有求于我，都说我比徐公漂亮。如今齐国有方圆千里的疆土，一百二十座城池，宫中的嫔妃、近臣，没有不偏爱您的；朝中的大臣没有不害怕您的；全国的老百姓没有不有求于您的。由此看来，大王您受蒙蔽很深啦！”

齐威王说：“好！”于是下了命令：“官吏百姓能够当面批评我的过错的，得上等奖赏；书面劝谏我的，受中等奖赏；在公共场所批评议论我的过失、被我听到的，受下等奖赏。”命令刚下达那段时间，百姓、群臣都来进谏，皇宫简直像集市一样热闹；几个月以后，还偶尔有人来进谏；一年以后，就是想提意见，也没什么可说的了。

燕、赵、韩、魏等国听说了这件事，都到齐国来朝见。这就是所谓不用动兵，在朝廷上就战胜了敌国。

这个故事出自《战国策·齐策》，原文是这样的——

邹忌修八尺有余，而形貌昳丽。朝服衣冠，窥镜，谓其妻曰：“我孰与城北徐公美？”其妻曰：“君美甚，徐公何能及君也？”城北徐公，齐国之美丽者也。忌不自信，而复问其妾曰：“吾孰与徐公美？”妾曰：“徐公何能及君也？”旦日，客从外来，与坐谈，问之客曰：“吾与徐公孰美？”客曰：“徐公不若君之美也。”明日，徐公来，孰视之，自以为不如；窥镜而自视，又弗如远甚。暮寝而思之，曰：“吾妻之美我者，私我也；妾之美我者，畏我也；客之美我者，欲有求于我也。”

于是入朝见威王，曰：“臣诚知不如徐公美。臣之妻私臣，臣之妾畏臣，臣之客欲有求于臣，皆以美于徐公。今齐地方千里，百二十城。宫妇左右莫不私王；朝廷之臣莫不畏王；四境之内莫不有求于王。由此观之，王之蔽甚矣。”

王曰：“善。”乃下令：“群臣吏民能面刺寡人之过者，受上赏；上书谏寡人者，受中赏；能谤讥于市朝，闻寡人之耳者，受下赏。”令初下，群臣进谏，门庭若市。数月之后，时时而间进。期年之后，虽欲言，无可进者。燕、赵、韩、魏闻之，皆朝于齐。此所谓战胜于朝廷。

人都喜欢听好话，能像邹忌一样，听到好话后能冷静地想一想：“我真有那么好吗？”这样的人不多。同样，人都不喜欢听“坏话”，能像齐威王那样，真心诚意地征求“坏话”，而且还努力改正的，也不多。所以，在邹忌和齐威王的身上，都有非常值得我们学习的东西。

国学小贴士

《战国策》

《战国策》又称《国策》，为西汉刘向编订的国别体史书。原作者是谁已经不清楚了，一般认为应该是一些人的集体创作。刘向对原书进行了删减，按照国别，重新编排体例，因为内容是以战国时期策士（纵横家）的游说活动为中心的，所以定名为《战国策》。全书共33卷，除“东周”“西周”之外，分秦、齐、楚、赵、魏、韩、燕、宋、卫、中山12国的“策”论。《战国策》是研究战国历史的重要典籍，反映了战国时期的历史特点和社会风貌。

不死之药

战国的时候，楚国的国君非常相信世上应该有一种药，吃了就能长生不老。消息传出去，就有人上门来献这种不死之药。传达官拿着药进宫去，楚王的卫队中有个弓箭手，问传达官说："这个药能吃吗？"传达官回答说："当然能吃啦！"于是，卫兵一把夺过来把药吞了下去。

楚王非常恼怒，要派人杀了这个卫士。卫士让人捎话给楚王说："我问了拿药进来的人，他说可以吃，所以我就吃了。如果要说有罪，那不是我的罪，那个说可以吃的人才有罪。再说了，客人献上的是吃下不会死的药，可我刚吃下去，您就要杀我，看来这不是什么长生不死的药，这明明就是催死的药！大王您杀我一个无辜的人不要紧，但这不是明摆着有人在欺骗您吗。"楚王猛然醒悟，决定不杀那个卫士了。

这个故事记载在《战国策·楚策》里，原文是这样的——

有献不死之药于荆王者，谒者操以入。中射之士问曰："可食乎？"曰："可。"因夺而食之。王怒，使人杀中射之士。中射之士使人说王曰："臣问谒者，谒者曰可食，臣故食之。是臣无罪，而罪在谒者也。且客献不死之药，臣食之而王杀臣，是死药也。王杀无罪之臣，而明人之欺王。"王乃不杀。

有些同学觉得，大概古代的人都是很迷信的，其实并不是这样。古代也有一些人，他们的头脑非常清醒，破除迷信的方法也很巧妙。故事中的弓箭手，知道别人在欺骗楚王，也知道如果用嘴巴讲道理楚王是听不进去的，于是他用吞药的行为刺激楚王，最终让他醒悟。当然，他这样做的风险很大，弄不好会掉脑袋。所以，这位弓箭手可以说是有勇有谋的英雄呢。古代人尚且能如此，我们现在懂得了更多的科学道理，就更不应该迷信了。

这位弓箭手的思路非常缜密，整个过程包含两个部分：第一部分是用因果关系论证吃药的合理性；第二部分是用逻辑推理证明这药并不能使人不死，你能在下面的横线上把这两个过程写出来吗？

1. 因为____________________所以____________________。

2. 如果____________________那么____________________。

国学小贴士

《战国策·齐策》

“齐策”在《战国策》中占据了四分之一的篇幅。《战国策》的第八到十五卷都是关于“齐”的故事。在这近60个故事中，有很多是脍炙人口的。比如“田忌赛马”“冯谖客孟尝君”“邹忌讽齐王纳谏”等。这些文字既是史料，也是精彩的文学作品，很值得阅读。

南辕北辙

魏王想要攻打赵国的都城邯郸。季梁本来是出门去的,听说这件事,走到半道就折回来了。衣服皱巴巴的也顾不上拉拉好,灰头土脸的也不洗洗,急急忙忙就去见魏王,说:“刚刚我来的时候,看见大路上有一个人,手拉着马缰绳,朝着北方准备出发。他对我说:‘我要到楚国去。’我对他说:‘楚国在南面,您要去楚国,怎么往北去呢?’他回答说:‘我的车马可是最精良的。’我说:‘即使车马再精良,这条路也不通往楚国啊。’他说:‘我有充足的旅费。’我说:‘即便旅费再多,这条路也不通往楚国啊。’他说:‘替我驾车的人技术可好啦。’他不知道,这些条件越好,他离楚国就愈远啊。现在魏王您想要成霸业,一举一动都要取得天下人的信任。您自恃魏国国家大,军队精锐,去进攻邯郸,想拓展扩充土地,抬高声望。您越这样做,距离成霸业就越远。就和想去楚国却往北走一样。”这就是人们说的南辕北辙啊。

这个故事记载在《战国策·魏策》中，原文是这样的——

> 魏王欲攻邯郸。季梁闻之，中道而反，衣焦不申，头尘不去，往见王曰："今者臣来，见人于大行，方北面而持其驾，告臣曰：'我欲之楚。'臣曰：'君之楚，将奚为北面？'曰：'吾马良。'臣曰：'马虽良，此非楚之路也。'曰：'吾用多。'臣曰：'用虽多，此非楚之路也。'曰：'吾御者善。'此数者愈善，而离楚愈远耳。今王动欲成霸王，举欲信于天下，恃王国之大，兵之精锐，而攻邯郸，以广地尊名。王之动愈数，而离王愈远耳。犹至楚而北行也。"此所谓南其辕而北其辙也。

季梁是什么人，现在已不知道了。但从这个故事中，我们可以看到。他是反对侵略扩张的。和很多想劝说君王的人一样，他也是通过讲故事的方式，把抽象的道理说得很具体：当你使用的手段和你想要的目的相反时，你越努力效果就越差，这就是南辕北辙。

季梁问那个人："楚国在南面，您要去楚国，怎么往北去呢？"那人回答："我的车马可是最精良的。"你能根据他们对话的情况说一个成语吗？可以和爸爸妈妈讨论哦。

国学小贴士

古代的道路

古代称呼道路的说法有很多，这里用到的有“道”“行”和“路”。“道”和“路”都是路的意思，我们现在习惯把它们连在一起说“道路”；“行”表示“路”的时候读háng，“行”有大有小，比如文中说的是“大行”，就是大路；《诗经》中说“遵彼微行”，那就是小路。还有“衢”，是四通八达的路；“阡陌”是田间小路，南北方向的叫“阡”，东西方向的叫“陌”。

唐雎不辱使命

秦王派人对安陵君说："我想用五百里地置换安陵这块地方，安陵君你可要答应我！"安陵君说："大王您这是施恩惠呀，用大地方换小地方，很好；不过，即使这样，我也不敢和您交换。因为这块地方是从先王那里继承的，我要永远守护它！"秦王听了很不高兴。安陵君于是派唐

雎出使到秦国去。

秦王对唐雎说："我用五百里地置换安陵，安陵君还不和我换，这算什么？再说秦国先后把韩国、魏国都灭了，而安陵君仅凭五十里地而存在，只是因为我把他当作长者，没放在心上。现在我用十倍的土地，来扩大他的领地，他却不愿意，这不是看不起我吗？"唐雎回答说："不，不是这样的。安陵君从先王手里继承了领地，自然要坚守它，哪怕是一千里地也不敢换的，何况五百里呢？"

秦王勃然大怒，对唐雎说："你应该听说过天子是怎么发怒的吧？"唐雎回答说："臣没听说过。"秦王说："天子发怒，将有百万人倒下成为尸体，血流千里。"唐雎说："大王听说过平民百姓怎么发怒的吗？"秦王说："平民百姓发怒，不就是拉下帽子、光着脚，把脑袋往地上乱撞嘛。"唐雎说："这是庸人发怒，不是勇士发怒。专诸刺杀王僚的时候，彗星直奔月亮；聂政刺杀韩傀的时候，白色的霓虹贯穿太阳；要离刺杀庆忌的时候，苍鹰飞扑到了大殿上。这三个人，都是百姓中的勇士，他们心中的怒气还没发出来，老天爷就降下了各种稀奇的征兆，再加上我，一共是四个了。若是我发起怒来，倒下成为尸体的是两个人，五步之内血流满地，全国人都要戴孝，就在今天。"说着，拔剑站了起来。

秦王露出了害怕的表情，从坐席上直起身子向唐雎谢罪："先生请坐！哪里会到这个地步！我算是明白了：韩、魏都灭亡了，而安陵君却以五十里地一直幸存到现在，原因就是有先生您哪！"

这个故事是《战国策·魏策》里的，原文是这样的——

秦王使人谓安陵君曰："寡人欲以五百里之地易安陵，安陵君其许寡人！"安陵君曰："大王加惠，以大易小，甚善；虽然，受地于先王，愿终守之，弗敢易！"秦王不说。安陵君因使唐雎使于秦。

秦王谓唐雎曰："寡人以五百里之地易安陵，安陵君不听寡人，何也？且秦灭韩亡魏，而君以五十里之地存者，以君为长者，故不错意也。今吾以十倍之地，请广于君，而君逆寡人者，轻寡人与？"唐雎对曰："否，非若是也。安陵君受地于先王而守之，虽千里不敢易也，岂直五百里哉？"

秦王怫然怒，谓唐雎曰："公亦尝闻天子之怒乎？"唐雎对曰："臣未尝闻也。"秦王曰："天子之怒，伏尸百万，流血千里。"唐雎曰："大王尝闻布衣之怒乎？"秦王曰："布衣之怒，亦免冠徒跣，以头抢地耳。"唐雎曰："此庸夫之怒也，非士之怒也。夫专诸之刺王僚也，彗星袭月；聂政之刺韩傀也，白虹贯日；要离之刺庆忌也，仓鹰击于殿上。此三子者，皆布衣之士也，怀怒未发，休祲降于天，与臣而将四矣。若士必怒，伏尸二人，流血五步，天下缟素，今日是也。"挺剑而起。

秦王色挠，长跪而谢之曰："先生坐！何至

于此！寡人谕矣：夫韩、魏灭亡，而安陵以五十里之地存者，徒以有先生也。”

这个故事是不是有点惊心动魄？唐雎看透了秦王的色厉内荏，采取拔剑而起、以命相搏的手段，最终扭转局势，保住了安陵君的领地。故事中有三种不同的“怒”，请你把它找出来，说一说它们的区别。还有，唐雎用“伏尸二人，流血五步”来和秦王说的“伏尸百万，流血千里”相对，从“百万”到“二人”，死的人少了很多；从“千里”到“五步”，流的血也少了很多，为什么秦王反而害怕了呢？这里面暴露出秦王的什么特点？

国学小贴士

战国四君子

战国末期，各诸侯国为了对付越来越强大的秦国，竭力网罗人才。一些贵族礼贤下士，招纳贤才，形成了豢养门客的风气。其中名声特别大的，是魏国的信陵君魏无忌、赵国的平原君赵胜、楚国的春申君黄歇和齐国的孟尝君田文。后人称之为“战国四君子”（也称“战国四公子”）。

燕昭王求贤

燕昭王收复残破的燕国，做了国君。他放下君王的架子，准备了丰厚的礼物，想要招纳有才华的人，为国报仇。他去请教郭隗先生，说："齐国趁乱攻破了燕国，我十分清楚我们小小的燕国力量不够，不足以报仇。我的愿望就是请到有才能的人一起来治理国家，洗刷先王所受到的耻辱。您说我该怎么做，才能为国家报仇雪恨呢？"郭隗先生回答说："您诚心诚意地广泛招聘国中有才能的人，亲自上门去拜访，天下有才华的人听说您能这么做，一定会全都聚集到燕国来的。"

燕昭王问："那我从谁做起呢？"郭隗说："古代有个国君，拿出一千两黄金要买千里马，买了三年都没买到。国王的一个近臣说：'我来帮您买吧。'国君就让他去了。三个月后，他果然买到了千里马，不过，那马已经死了，那人花了五百两黄金，买回了死马的骨架。国君非常生气，说：'我要的是活的，你怎么弄一匹死马来？白白浪费我五百两黄金！'那人回答说：'买死马尚且肯花五百两黄金，何况活的？现在普天下的人都知道您肯买马，您等着，活的千里马就要来了！’果然，一年不到，就来了三匹千里马。如果昭王您真的想要招揽人才，那么就请先从我郭隗开始：像我这样的人也被重用了，何况比我强的人？他们都会不远千里赶来的！”于是昭王为郭隗建造了宫室，拜他为师。结果，乐毅从魏国来了，邹衍从齐国来了，剧辛从赵国来了——有才华的人都集中到了燕国。

这个故事记载在《战国策·燕策》里，原文是这样的——

燕昭王收破燕后，即位，卑身厚币以招贤者，欲将以报仇。故往见郭隗先生曰："齐因孤国之乱而袭破燕。孤极知燕小力少，不足以报。然得贤士与共国，以雪先王之耻，孤之愿也。敢问以国报仇者奈何？"郭隗先生对曰："……王诚博选国中之贤者而朝其门下，天下闻王朝其贤臣，天下之士，必趋于燕矣。"

昭王曰："寡人将谁朝而可？"郭隗曰："臣闻古之君人，有以千金求千里马，三年不能得。涓人言于君曰：'请求之。'君遣之，三月得千里马。马已死，买其骨五百金，反以报君。君大怒曰：'所求者生马，安事死马而捐五百金？'涓人对曰：'死马且市之五百金，况生马乎？天下必以王为能市马，马今至矣！'于是，不能期年，千里马之至者三。今王诚欲致士，先从隗始；隗且见事，况贤于隗者乎？岂远千里哉！”于是昭王为隗筑宫而师之。乐毅自魏往，邹衍自齐往，剧辛自赵往，士争凑燕。

“求贤”是中国文化的重要传统，关于“求贤”的故事有很多。这个故事的流传也很广。郭隗要燕昭王以自己作为榜样来招揽贤士，却不直接说出，而是先讲个故事，说有人用五百金买了死去的千里马的头骨，却因此而得到了千里马。想想看，他为什么要这样做？这个小故事和我们读的这个大故事之间有什么联系呢？

另外，这个故事中包含了两个成语，你能说出来吗？

成语一：__________

成语二：__________

国学小贴士

黄金台

当年燕昭王求贤，为郭隗筑了一个高台，上面堆放黄金，招纳贤士，人们把它叫作“黄金台”。“黄金台”由此成了君王礼贤下士的代名词。唐代诗人李贺就写过“报君黄金台上意，提携玉龙为君死”的诗句。唐代诗人陈子昂的著名诗作《登幽州台歌》，说的也是对这件事的感慨。幽州台也就是故事中“黄金台”。

精卫填海

（东海）往北再走上二百里，就能见到一座山，人们叫它“发鸠之山”。山上有很多树，尤其多的是桑树。树上有一种鸟，样子和乌鸦差不多，头上有花纹，白嘴，红脚，名字叫作“精卫”。这种鸟的叫声很有意思，听上去就像在叫自己的名字似的：“精卫，精卫！”

原来，这鸟儿本是炎帝的小女儿，名叫女娃。女娃在

东海里游泳，不幸淹死了，再也回不到人间，就变成了精卫鸟。她恨死了东海，常用白色的小嘴咬着西山的小木头、小石子，把它们丢进东海里，想把大海填平。

漳水就是从发鸠山那里流出来的，向东一直流到了黄河里。

这个故事记载在《山海经·北山经》里，原文是这样的——

又北二百里，曰发鸠之山，其上多柘木，有鸟焉，其状如乌，文首，白喙，赤足，名曰："精卫"，其鸣自詨。是炎帝之少女，名曰女娃。女娃游于东海，溺而不返，故为精卫，常衔西山之木石，以堙于东海。漳水出焉，东流注于河。

很久很久以前，有人写了一部地理书，叫作《山海经》。这部书的内容可丰富啦，不仅记载了山川河流这些自然地理，还写了许多动物、植物和矿产，甚至还有不少好听的故事呢。因为作者写的时候天南海北地记载了很多神话传说，所以后人就用"谈山海经"来形容漫无边际的闲聊。

"精卫填海"是非常著名的神话故事，爸爸妈妈有没有给你讲过呢？如果没有，你现在读了，可以讲给他们听哦。还有，可以和爸爸妈妈讨论讨论：大海是填不满的，何况精卫鸟那么小，她这样做有意义吗？

国学小贴士

《山海经》

国学中有“经”“史”“子”“集”，像《山海经》这样的地理著作，就归在“史”部。《山海经》是“山经”和“海经”的集合，现在保存下来的有《山经》5卷，它们是南山经、西山经、北山经、东山经和中山经；《海经》13卷，它们是海外南经、西经、北经、东经，海内南经、西经、北经、东经，大荒东经、南经、西经、北经和海内经。除了《山海经》，“史”部著名的地理书还有《水经》《洛阳伽蓝记》《大唐西域记》等。

破釜沉舟

项羽看不惯宋义的所作所为，把他杀了。当时，秦军包围了赵国的巨鹿，楚国派出去一支部队去解巨鹿之围，宋义就是这支部队的将领，号称“卿子冠军”，名气不小，项羽杀了他，声威震动了楚国上下，诸侯们也都听说了他的大名。项羽掌握了兵权，派遣当阳君、蒲将军带领两万兵士渡过黄河，去解救巨鹿。打了几个小胜仗后，赵国的将领陈馀又来请求增援。项羽让所有士兵都渡过黄河，然后凿沉渡船，打碎锅碗瓢盆，放火烧了营寨，只带够三天吃的粮食，用这些行动向士兵们传达了决一死战、绝不退还的决心。到地方后，楚军包围了秦军将领王离带领的部队，和秦军打了好几仗，断绝了敌军的通道，打败了敌军。秦军的几个将领，苏角被杀，王离被俘，涉间不肯投降，自焚死了。这一来，楚兵在各诸侯中绝对名列第一。各诸侯派出来为巨鹿解围的部队扎着十多个营帐，但都不敢放士兵出来出战。当楚军攻击秦军的时候，那些将领都在军营中看着。楚国的战士无不一个就像十个一样地勇敢。楚兵叫喊的声音震天动地，诸侯军中人人都感到害怕。打败秦军后，项羽召见各诸侯的将领，到了辕门之内，那些将领全都跪着向前，没一个人敢抬头看一眼。项羽于是做了诸侯上将军，各路诸侯的部队都归他管。

这个故事记载在《史记·项羽本纪》中，原文是这样的——

项羽已杀卿子冠军，威震楚国，名闻诸侯。乃遣当阳君、蒲将军将卒二万渡河，救巨鹿。战少利，陈馀复请兵。项羽乃悉引兵渡河，皆沉船，破釜甑，烧庐舍，持三日粮，以示士卒必死，无一还心。于是至则围王离，与秦军遇，九战，绝其甬道，大破之，杀苏角，虏王离。涉间不降楚，自烧杀。当是时，楚兵冠诸侯。诸侯军救巨鹿下者十余壁，莫敢纵兵。及楚击秦，诸将皆作壁上观。楚战士无不一以当十。楚兵呼声动天，诸侯军无不人人惴恐。于是已破秦军，项羽召见诸侯将，入辕门，无不膝行而前，莫敢仰视。项羽由是始为诸侯上将军，诸侯皆属焉。

项羽是个性格刚烈、宁折不弯的人，司马迁在写他的时候笔端是流露出赞赏之情的。在这个故事中，作者往往借助别人的反应来衬托项羽的英勇。比如，说他“威震楚国，名闻诸侯”。尤其是后面，作者描写了各路诸侯军将领见项羽时的动作、神态，寥寥数字，把项羽的威势写得如在目前，你可以想象一下这个场景哦。

这个故事中除了“破釜沉舟”，还有几个成语，你能找出来吗？至少两个哦。

国学小贴士

《史 记》

《史记》是“史”部“二十四史”之首。它记载了从上古传说中的黄帝时代到汉武帝元狩元年间共 3 000 多年的历史。司马迁在撰写这部史书时首次采用了纪传体的形式。分“表”“书”“本纪”“世家”“列传”五种体例。

“史记”本是古代史书通称，从三国时期开始，逐渐成为司马迁所写的这部著作的专称，与司马光的《资治通鉴》并称“史学双璧”。

桐叶封弟

晋国有个叫唐叔虞的人，是周武王的儿子，周成王的弟弟。当年，周武王和唐叔虞的妈妈成亲时，梦见天帝对周武王说："我命令你生个儿子，名字叫虞，我给他唐这个地方。"等儿子生下来，发现他的手心里竟然有个"虞"字，于是就把他的名叫作"虞"。古代的弟兄弟以"伯""仲""叔""季"为序，虞是周武王的第三个儿子，所以叫"叔虞"。周武王死后，他的长子接班，成为西周王朝的第二位君主——周成王。那时他的年龄还很小，国家大事主要都是由他的叔叔——周武王的弟弟姬旦、也就是被尊称为周公的人来处理的。后来，唐这个地方发生叛乱，周公平息了那个地方的叛乱。周成王和弟弟开玩笑，把一片桐树的叶子剪成大臣手里拿的玉器的样子，给弟弟说："唐这个地方就分封给你了。"史官就请周成王指定一个日子，正式分封叔虞。周成王说："我和弟弟开个玩笑罢了。"官员说："做天子的人没有随口说着玩的话。既然说了，那么史书就要记载下来，就要按照规定的礼仪，奏乐唱歌完成仪式。”于是唐就被分封给了叔虞。唐在黄河、汾河的东面，方圆百里，所以就把他叫作唐叔虞。其实他姓姬，字子于。

这个“桐叶封弟”的故事在《吕氏春秋》和《史记》里都有记载，因为唐叔虞是西周时期晋国的始祖，所以司马迁把他的故事放在《史记·晋世家》中，原文是这样的——

晋唐叔虞者，周武王子而成王弟。初，武王与叔虞母会时，梦天谓武王曰：“余命女生子，名虞，余与之唐。”及生子，文在其手曰“虞”，故遂因命之曰虞。武王崩，成王立，唐有乱，周公诛灭唐。成王与叔虞戏，削桐叶为圭以与叔虞，曰：“以此封若。”史佚因请择日立叔虞。成王曰：“吾与之戏耳。”史佚曰：“天子无戏言。言则史书之，礼成之，乐歌之。”于是遂封叔虞于唐。唐在河、汾之东，方百里，故曰唐叔虞。姓姬氏，字子于。

“桐叶封弟”的故事流传很广，一直被认为是“言必信”，尤其是“天子无戏言”的典范。但唐代的柳宗元却提出了质疑。他说，如果周成王不是和弟弟开这个玩笑，而是和哪个宫女、宦官开了玩笑，难道也要当真吗？真正的明君，对自己说的话、做的事，只要发觉不对，都应该立即改正，而不是死揪着不放。为此，他专门写了文章《桐叶封弟辨》。有兴趣的话，可以找来读读。

国学小贴士

古人的姓氏

古代最早的时候，“姓”和“氏”不是一回事。“姓”是根据血缘关系的，所以很多带有“女”字，如“姬”“嬴”“姜”“姚”“姒”等；“氏”则是根据男性的权力，爵位、官职、封地等都可以成为“氏”。比如屈原姓芈，因为他的先人分封在“屈”这个地方，于是便以“屈”为氏。包括大名鼎鼎的孔子也并不姓“孔”哦。

燕雀安知鸿鹄之志

秦时有个叫陈胜的人，家里贫穷，没有土地，年轻时只能受雇帮别人种田。干着干着，他停下来，在田埂上站了很久，怅恨地说："如果有富贵的一天，可不要忘了彼此啊。"一起种田的人都笑了，说："你在为别人种田，哪来的富贵啊？"陈胜叹口气说："唉，小鸟雀哪里知道鸿雁的志向啊！"

秦二世元年七月，朝廷征召成年男人戍守渔阳，有九百个人驻扎在大泽乡。陈胜和吴广都在其中，还算个小头目。恰逢大雨，道路不通，估计怎么也不能准时到了。按照当时的法律，迟到便要斩首。陈胜就和吴广商量说："逃跑也是死，起义也是死，一样是死，我们为国而死好吗？"吴广觉得很对，就去占卜，想测一测吉凶。占卜的人知道他的意思，说："事情可以成功，不过还得先问问鬼神！"陈胜、吴广很高兴，想到问鬼神，他们说："这是教我想办法在众人中建立威信啊。"于是就用朱砂在布帛上写上"陈胜王"三个字，把它塞进鱼肚子，再放到鱼篓子里。士兵买鱼来吃，剖鱼时看见里面的布帛，觉得很奇怪。陈胜又让吴广晚上到驻地边上的丛祠中，点亮篝火，装着狐狸的叫声说："大楚兴，陈胜王。"士兵都很惊恐。第二天，大伙儿都交头接耳，看着陈胜指指点点。

吴广平时对人很好，士兵们都乐意为他效劳。有个军官喝醉了，吴广故意在他面前几次说要逃跑，惹恼那个军官，让他欺辱自己，以激怒众人。军官果然鞭打吴广。等他拔出剑来，吴广一跃而起，夺过剑杀了军官。陈胜帮他，一起杀了两个军官。他们把大伙儿叫到一起说："我们遇到雨天，耽误了时间，不准时到达是要被斩首的。即便没有被杀，多半也要死在戍守的地方。大丈夫要么不死，要死就要出大名，谁生来就是王侯将相！"下面的人都说："我们听您的。"于是他们就假称公子扶苏、项燕的队伍，遂了百姓的意。起义军都露出右边肩膀作为标记，称为"大楚"。

在《史记·陈涉世家》中，这个故事是这样的——

陈胜者，阳城人也，字涉。……陈涉少时，尝与人佣耕，辍耕之垄上，怅恨久之，曰："苟富贵，无相忘。"佣者笑而应曰："若为佣耕，何富贵也？"陈涉太息曰："嗟乎，燕雀安知鸿鹄之志哉！"

二世元年七月，发闾左适戍渔阳，九百人屯大泽乡。陈胜、吴广皆次当行，为屯长。会天大雨，道不通，度已失期。失期，法皆斩。陈胜、吴广乃谋曰："今亡亦死，举大计亦死，等死，死国可乎？"……吴广以为然。乃行卜。卜者知其指意，曰："足下事皆成，有功。然足下卜之鬼乎！"陈胜、吴广喜，念鬼，曰："此教我先威众耳。"乃丹书帛曰："陈胜王。"置人所罾鱼腹中。卒买鱼烹食，得鱼腹中书，固以怪之矣。又间令吴广之次所旁丛祠中，夜篝火，狐鸣呼曰："大楚兴，陈胜王。"卒皆夜惊恐。旦日，卒中往往语，皆指目陈胜。

吴广素爱人，士卒多为用者。将尉醉，广故数言欲亡，忿恚尉，令辱之，以激怒其众。尉果笞广。尉剑挺，广起，夺而杀尉。陈胜佐之，并杀两尉。召令徒属曰："公等遇雨，皆已失期，失期当斩。藉第令毋斩，而戍死者固十六七。且壮士不死即已，死即举大名耳，王侯将相宁有种乎！"徒属皆曰："敬受命。"乃诈称公子扶苏、项燕，从民欲也。袒右，称大楚。

陈胜、吴广的大泽乡起义，在历史上很有名。虽然起义后来被镇压了，但陈胜的英雄之气，经过司马迁等人的记载，牢牢地记在了人们的心中。他所说的“燕雀安知鸿鹄之志”“王侯将相宁有种乎”成了激励人们为远大理想而奋斗的名言。

国学小贴士

本　纪

“本纪”是司马迁《史记》中为人物立传的一种体例，能进入“本纪”的都是帝王，比如“高祖本纪”“孝武本纪”。不过也有例外，作者把项羽也放在“本纪”中，理由是“政由羽出”“位虽不终，近古以来未尝有也”，就是说，他虽然没当过皇帝，但他曾经有过主掌大权的时候，是少见的英雄。从中不难看出作者对他的首肯。

圯桥拾履

从前有个叫张良的人，闲来无事出去散步，走到下邳（地名）的一座桥上，看见有位老者，穿着粗布衣裳，走到张良身边时，一下把鞋掉到了桥下，回头看着张良说："小子，帮我下去捡鞋！"张良很惊讶，揍他的心都有。转念一想，对方是个老人家，就强忍着心中的不快，到桥下把鞋子拾了上来。老人说："给我穿上！"张良想，都已经帮他把鞋拾了，穿就穿吧，于是就跪下帮他穿上了鞋。老人蹬着脚让他穿，穿上后笑着走了。张良很是奇怪，就一直看着他。老人走了约摸一里路，又回来了，说："你这小子值得教导。过五天，天亮的时候，到这儿来和我见面。"张良觉得这人太奇怪了，就跪下说："好的。"第五天天刚亮，张良就去了。老人已先在了，很生气地说："和上年纪的人约会，你怎么可以晚到？"说完走了，撂下一句话："再过五天，早点来。"到了第五天，鸡刚叫张良就去了，可老人又先到了，生气地说："为什么又晚到？"走的时候还是说："再过五天，早点来。"到了第五天，张良半夜就去了。过了一会儿，老人也来了，高兴地说："就该这样。"然后拿出一卷书，说："你读了这书就可以成为国君的谋臣了。再过十年，你会兴旺发达。第十三年小子你会在济北看见我，谷城山下的黄石就是我。"说完就走了，没再说什么，张良也没再见到过他。第二天他开始看那书，是《太公兵法》。张良觉得这书很独特，经常阅读记诵。后来，陈胜起义反秦，张良也拉了一支队伍，有一百多个年轻人。当时楚国的贵族景驹在留自立为楚王，张良想追随他，半路上遇见了刘邦。刘邦带着几千人，攻占了下邳以西的地方，那些地方都从属于他。刘邦拜张良为厩将。张良几次和刘邦讲《太公兵法》，刘邦都很听得进，经常采用他的计策。张良和别人说这些，人们都不能理解。张良认为刘邦是老天指派给他的明主，就跟随了刘邦，不去见景驹了。

这个故事记载在《史记·留侯世家》中，原文是这样的——

良尝闲从容步游下邳圯上，有一老父，衣褐，至良所，直堕其履圯下，顾谓良曰："孺子，下取履！"良愕然，欲殴之。为其老，强忍，下取履。父曰："履我！"良业为取履，因长跪履之。父以足受，笑而去。良殊大惊，随目之。父去里所，复还，曰："孺子可教矣。后五日平明，与我会此。"良因怪之，跪曰："诺。"五日平明，良往。父已先在，怒曰："与老人期，后，何也？"去，曰："后五日早会。"五日鸡鸣，良往，父又先在，复怒曰："后，何也？”去，曰：“后五日复早来。”五日，良夜未半往。有顷，父亦来，喜曰：“当如是。”出一编书，曰：“读此则为王者师矣。后十年兴。十三年孺子见我济北，谷城山下黄石即我矣。”遂去，无他言，不复见。旦日视其书，乃《太公兵法》也。良因异之，常习诵读之。后十年，陈涉等起兵，良亦聚少年百余人。景驹自立为楚假王，在留。良欲往从之，道遇沛公。沛公将数千人，略地下邳西，遂属焉。沛公拜良为厩将。良数以《太公兵法》说沛公，沛公善之，常用其策。良为他人言，皆不省。良曰：“沛公殆天授。”故遂从之，不去见景驹。

这个故事讲的是张良因为谦恭地对待黄石老人获得了《太公兵法》，并因此而成为刘邦的重臣。历来人们在讲述这个故事的时候，注意力都集中在《太公兵法》，认为张良之所以能帮助刘邦打下江山，靠的就是这本神奇的兵书。但苏轼却另辟蹊径，写了一篇《留侯论》，说重要的并不是兵书，而是黄石老人磨炼了张良的性格，让他学会了忍耐，而“忍”也是他教给刘邦的最重要的武器。你从这个故事中得到了什么启发？要尊重老年人？要经得起考验？还是别的什么？

国学小贴士

留 侯

留侯即汉代名臣张良，字子房，生年不详，公元前186

年去世。颍川城父(今河南郏县)人,也有说他是沛郡(今安徽亳州)人的。他是西汉王朝的开国功臣,为汉王朝的建立立下了汗马功劳,被册封为留侯。与韩信、萧何并称为“汉初三杰”。

立木为信

秦孝公起用商鞅，商鞅决定施行变法。他把百姓五家编为一“伍”，十家编为一“什”，组内如果有人做坏事，组里的人都要连带受罚。不举报坏事的人腰斩，揭发坏事的人和战场上杀敌的给予相同的奖励；藏匿坏人坏事的，和战场上投敌的处罚相同。一户人家有两个以上成年男子不分家的，赋税加倍。建立军功的，按条例给予最高一级的爵位；私相斗殴的，按情节轻重处罚。勤勤恳恳、恪守本分、耕田织布收入好的，免除徭役。做些小商小贩的事、又懒惰导致贫穷的人，全部收捕，到官府为奴。皇亲国戚没有军功的，不能登记在宗室的名单里。明确尊卑、爵位、俸禄的等级，根据等级分配土地、住宅，奴仆、衣服等也都按等级来。有军功的人光荣显贵，没有军功的人，即使有钱也没什么可炫耀的。变法的条文写好，还没发布，商鞅生怕老百姓不信，就在国都的南门立了一根三丈长的木头，告示说：谁能把它搬到北门，就奖励十金。大家都觉得挺奇怪，没人敢去搬。于是他又说：“谁能把它搬到北门去，给五十金。”终于，有一个人搬了。商鞅就真的给了他五十金，表示说话是算数的。法令就这样颁布下去了。

这个故事记载在《史记·商君列传》中，原文是这样的——

> 孝公既用卫鞅，鞅欲变法……令民为什伍，而相牧司连坐。不告奸者腰斩，告奸者与斩敌首同赏，匿奸者与降敌同罚。民有二男以上不分异者，倍其赋。有军功者，各以率受上爵；为私斗者，各以轻重被刑大小。僇力本业，耕织致粟帛多者复其身。事末利及怠而贫者，举以为收孥。宗室非有军功论，不得为属籍。明尊卑爵秩等级，各以差次名田宅，臣妾衣服以家次。有功者显荣，无功者虽富无所芬华。令既具，未布，恐民之不信已，乃立三丈之木于国都市南门，募民有能徙置北门者予十金。民怪之，莫敢徙。复曰“能徙者予五十金”。有一人徙之，辄予五十金，以明不欺。卒下令。

商君就是商鞅，他是战国时期卫国人，是卫国国君的后裔，所以也叫卫鞅。后来被封在商地，号商君，也叫商鞅。他是战国时期法家的代表人物。“立木为信”是他为变法而做的铺垫，目的是向民众表明变法是说到做到的。商鞅变法使秦国变得强盛，但他后来却被指为谋反，战败而死，尸体被带回咸阳，车裂示众。

国学小贴士

法 家

战国时期的思想流派有很多，分成不同的“家”，如大家知道得比较多的儒家、道家等。法家是“诸子百家”之一，和儒家、道家等一样，是中国古代重要的思想流派。法家是中国历史上提倡以“法”来治理天下的学派。法家的核心思想是法治，以富国强兵为己任。在今天看来，法家思想中有合理可取的成分，也有让现代人觉得不能接受的。除了商鞅，法家的代表人物还有韩非、李悝、吴起等。

完璧归赵

赵王派遣蔺相如带着和氏璧去秦国，秦王在章台宫接见他。蔺相如把和氏璧恭恭敬敬地献给秦王。秦王高兴极了，传给身边的美女等人看，左右的人都高呼万岁。蔺相如看出秦王压根没打算拿出城池作为赵国献和氏璧的补偿，就上前说："璧上有一点瑕疵，让我指给您看。"秦王把璧给蔺相如。相如捧着璧退后一步，靠在柱子上，愤怒得头发直竖，把帽子都顶起来了。他说："大王想要这块璧，让人写信给赵王，赵王把群臣召集起来讨论，大家都说：'秦是个贪婪的国家，仗着强势，用一句空话来要我们的璧，期望他用城池来补偿是不可能的。'谁都不想给您璧。但我认为平民百姓尚且不能骗人，何况一个大国的国君？再说，因为一块璧，惹得强大的秦国不高兴，也不妥当。于是赵王吃了五天素，派我带着璧，恭恭敬敬地连书信一起给您。为什么？这是为了彰显大国的威严，同时表示我们的尊重啊。可我在这里，大王和您那些大臣都是目中无人的样子；拿了璧，传给美人看，来戏弄我。

我看您是根本不想偿还赵王城池，所以我就把璧拿回来了。您一定要逼我，我就把这块璧和我的脑袋一起在这柱子上撞个粉碎!”

相如捧着璧斜眼看着柱子，一副要撞上去的样子。秦王怕他真的把璧撞碎，连忙谢罪，请他原谅，并立马把官员叫来，拿着地图指给他看，哪十五座城池是补偿给赵国的。

相如心里明白，秦王还是在骗自己，假装给赵国城池，其实是拿不到的，就对秦王说:“和氏璧是天下公认的传世之宝。赵王因为害怕，不敢不献给您。赵王送璧时，郑重其事地斋戒了五天。您也应该斋戒五天，然后把所有大臣都召来，我才敢奉献和氏璧。”秦王想来想去，总不能硬抢，于是就答应斋戒五天，让相如在宾馆住下。相如揣度秦王虽然答应斋戒，但一定还是会违背诺言的，于是就派人穿着粗布衣服，身上藏着和氏璧，从小路逃走，把和氏璧送回了赵国。

这个故事记载在《史记·廉颇蔺相如列传》中，原文是这样的——

赵王于是遂遣相如奉璧西入秦。秦王坐章台见相如，相如奉璧奏秦王。秦王大喜，传以示美人及左右，左右皆呼万岁。相如视秦王无意偿赵城，乃前曰："璧有瑕，请指示王。"王授璧，相如因持璧却立，倚柱，怒发上冲冠，谓秦王曰："大王欲得璧，使人发书至赵王，赵王悉召群臣议，皆曰：'秦贪，负其强，以空言求璧，偿城恐不可得。'议不欲予秦璧。臣以为布衣之交尚不相欺，况大国乎？且以一璧之故，逆强秦之欢，不可。于是赵王乃斋戒五日，使臣奉璧，拜送书于庭。何者？严大国之威以修敬也。今臣至，大王见臣列观，礼节甚倨；得璧，传之美人，以戏弄臣。臣观大王无意偿赵王城邑，故臣复取璧。大王必欲急臣，臣头今与璧俱碎于柱矣！"相如持其璧睨柱，欲以击柱。秦王恐其破璧，乃辞谢固请，召有司案图，指从此以往十五都予赵。相如度秦王特以诈、详为予赵城，实不可得，乃谓秦王曰："和氏璧，天下所共传宝也。赵王恐，不敢不献。赵王送璧时，斋戒五日。今大王亦宜斋戒五日，设九宾于廷，臣乃敢上璧。"秦王度之，终不可强夺，遂许斋五日。舍相如广成传舍。相如度秦王虽斋，决负约不偿城，乃使其从者衣褐怀其璧，从径道亡，归璧于赵。

一个人也好，一个国家也好，诚信是必不可少的，可秦国恰恰少了这点。蔺相如在强势面前智勇双全，终于完璧归赵，创造了千古美谈。

国学小贴士

列 传

列传，是我国纪传体史书的体例之一，司马迁首创，为历代纪传体史书所沿用。列传一般用以记述帝王、诸侯以外的人物事迹，以个人为主，也有记群体的，如《史记》的“游侠列传”“滑稽列传”等，还有记载少数民族的，如《史记》的“大宛列传”，甚至有记外国的，如《明史》的“日本列传”。

廉颇的晚年

语文教材五年级（上）的《将相和》说的是廉颇和蔺相如的故事，那么，后来廉颇怎么样了呢？我们来接着讲廉颇晚年的故事。

廉颇当初从长平免职回来，失了势，门客都散去了。等到重新起用，门客又都聚拢来了。廉颇不满地说："你们走吧！"门客说："啊呀！您的见识怎么这么落后？天下的人就是根据利益结交的，您有势力，我们就跟着您；您没势力了，我们就离开，本来就是这么个道理，您有啥好埋怨的呀？"六年后，赵国派廉颇进攻魏国的繁阳，攻陷了它。

赵孝成王死后，他儿子悼襄王即位，起用乐乘替代廉颇。廉颇很愤怒，领兵去攻打乐乘，乐乘打不过他，逃走了。廉颇在赵国也待不下去，跑到了魏国的大梁。

廉颇在大梁待了很久，可魏国还是不信任他，不起用他。而赵国呢，因为几度被秦兵围困，倒想再起用廉颇，廉颇也想再为赵国出力。于是，赵王派使者去探探虚实，

看廉颇是不是还有战斗力。廉颇有个仇人，叫郭开多，他听说这件事，就用金钱贿赂使者，让他说廉颇的坏话。赵国使者去见廉颇的时候，廉颇当着他的面，一顿吃了一斗米的饭、十斤肉，还穿上铠甲，跨上战马，表示自己还是身强力壮的。使者回去对赵王说："廉将军虽然老了，还是挺能吃的，不过和我一起，不一会儿就上了三次厕所。"赵王觉得廉颇还是老了，于是不再召见他。

楚国听说廉颇在魏国，暗中派人去接他。廉颇做了楚将，但并无战功，他说："我还是想带领赵国的子弟兵啊。"最后，廉颇在楚国的寿春去世。

《史记·廉颇蔺相如列传》中的相关内容，原文是这样的——

廉颇之免长平归也，失势之时，故客尽去。

及复用为将，客又复至。廉颇曰："客退矣！"客曰："吁！君何见之晚也？夫天下以市道交，君有势，我则从君，君无势则去，此固其理也，有何怨乎？"居六年，赵使廉颇伐魏之繁阳，拔之。

赵孝成王卒，子悼襄王立，使乐乘代廉颇。廉颇怒，攻乐乘，乐乘走。廉颇遂奔魏之大梁。……廉颇居梁久之，魏不能信用。赵以数困于秦兵，赵王思复得廉颇，廉颇亦思复用于赵。赵王使使者视廉颇尚可用否。廉颇之仇郭开多与使者金，令毁之。赵使者既见廉颇，廉颇为之一饭斗米，肉十斤，被甲上马，以示尚可用。赵使还报王曰："廉将军虽老，尚善饭，然与臣坐，顷之三遗矢矣。"赵王以为老，遂不召。

楚闻廉颇在魏，阴使人迎之。廉颇一为楚将，无功，曰："我思用赵人。"廉颇卒死于寿春。

廉颇骁勇善战，晚年却很凄凉。司马迁在《史记·廉颇蔺相如列传》中完整记载了他一生的经历。其中，赵王派人打探、而使者使坏的那个情节，后来被爱国词人辛弃疾用在他的词作中，就是那句著名的"廉颇老矣，尚能饭否"，用以表达自己报国无门、壮志未酬的感慨。

国学小贴士

廉蔺列传

《史记》在写人物列传的时候，并不一定是一个人写一篇，有时会把两个、甚至多个有关联的人放在一起写。“廉颇蔺相如列传”就是两个人的合传，人们简称“廉蔺列传”。蔺相如和廉颇都是赵国的重臣，一为文臣，一为武将；一个主要“以口舌为劳”，一个有“攻城野战之大功”；两人之间闹过别扭，但最终却是“刎颈之交”。司马迁不仅把两人放在一篇传记里，叙事上也有交互。

巧舌如簧的张仪

秦国想要攻打齐国，考虑到齐国与楚国有共同对敌的盟约，秦惠王觉得比较麻烦。于是就让张仪假装离开秦国，带上重礼到了楚国。他对楚怀王说："秦王特别憎恨齐国，可是楚国却和齐国关系亲密，你们要是真的能和齐国断绝关系，秦国愿意把商和於这两地的六百里土地送给楚国。"楚怀王贪心，相信了张仪，和齐国绝交了。之后，他派使节到秦国去接受土地。张仪骗他说："我与楚怀王说好是六里，没听说过六百里啊。"楚国的使节非常生气，回去告诉楚怀王。楚怀王很愤怒，兴兵讨伐秦国。秦国也起兵抗击，在丹、淅等地方把楚军打得落花流水，杀死八万士兵，俘虏了楚国将领屈匄，攻占了楚国的汉中之地。怀王一怒之下把全国的军队都发动起来，要深入抗击秦国，和秦军在蓝田大战。魏国听说楚军和秦军打仗，趁机偷袭楚国，一直打到邓这个地方。楚兵害怕，只得从秦国撤回。齐国对楚国之前的行为很生气，不去救援楚国，楚国陷入了困境。第二年，秦国想求和，就提出把汉中之地交还楚国。楚王恨恨地说:“我不要土地,我只要得到张仪就甘心了。”张仪听到后说:“我张仪一个人抵得上汉中之地,我去!”到了楚国,他重重贿赂管事的大臣靳尚,还在怀王最得宠的女人郑袖面前花言巧语。怀王竟听从了郑袖的话,又一次放走了张仪。

这个故事记载在《史记·屈原贾生列传》中,原文是这样的——

……秦欲伐齐,齐与楚从亲,惠王患之。乃令张仪佯去秦,厚币委质事楚,曰:“秦甚憎齐,齐与楚从亲,楚诚能绝齐,秦愿献商、於之地六百里。”楚怀王贪而信张仪,遂绝齐,使使如秦受地。张仪诈之曰:“仪与王约六里,不闻六百里。”楚使怒去,归告怀王。怀王怒,大兴师伐秦。秦发兵击之,大破楚师于丹、淅,斩首八万,虏楚将屈匄,遂取楚之汉中地。怀王乃悉发国中兵,以深入击秦,战于蓝田。魏闻之,袭楚至邓。楚兵惧,自秦归。而齐竟怒,不救楚,楚大困。明年,秦割汉中地与楚以和。楚王曰:“不愿得地,愿得张仪而甘心焉。”张仪闻,乃曰:“以一仪而当汉中地,臣请往如楚。”如楚,又因厚币用事者臣靳尚,而设诡辩于怀王之宠姬郑袖。怀王竟听郑袖,复释去张仪。

张仪二入楚国,第一次诱骗楚怀王和齐国断了交,第二次竟然让恨他恨得咬牙切齿、宁愿不要汉中之地而要他命的楚怀王轻易放过了他，功夫实在了得。据说有一次张仪的妻子抱怨他在外受欺辱，他对妻子说：“你看看我的舌头还在吗？”妻子笑着说：“舌头在。”张仪说：“这就足够了。”可见他对自己口才的自信。不过，从上面的故事看，张仪这两次的成功，好像不仅是靠________（请你在横线上填一个合适的成语），还有一些不光彩的手段。你能把它们指出来吗？

国学小贴士

屈 原

屈原是楚国的重要政治人物，他毕生的心愿就是让自己的政治理想在自己的国土上得以实现，可楚怀王的行为却屡屡让他失望、寒心。他怀着悲愤的心情写下了《离骚》等不朽名篇，成为先秦最伟大的文学家之一。最后，秦兵终于攻破郢都，屈原自沉于汨罗江。司马迁在《屈原贾生列传》中写的这个张仪的故事，就是楚怀王昏庸颟顸的明证。

韩信忍辱

汉高祖刘邦手下有个大官，名叫韩信。因为他是淮阴人，汉高祖就封他为淮阴侯。

韩信原来是个普通百姓，没钱，也没什么好品行，不能被推举为官吏。他又不会做买卖，因此生活就成了问题，经常到别人家蹭饭，大家都很讨厌他。有一段时间，他常到下乡南昌亭亭长家吃闲饭，一吃就是几个月，亭长

的妻子受不了了，就在大清早把饭做好，端到床上吃了。到了饭点，韩信来了，亭长的妻子就不再做饭。韩信明白这是讨厌他蹭饭的意思，很不高兴，一生气就走了，再也不来了。

韩信在城下钓鱼，那里有一群大婶，在河边干漂洗布帛的活。有位大婶看韩信饿得可怜，就给他饭吃。漂洗的活儿干了几十天，大婶天天给他吃饭。韩信很感激，对大婶说："我一定会重重地报答您的。"大婶生气了，说："大丈夫不能自己养活自己，我是看你可怜才给你吃饭的，谁指望你报答啊！"

淮阴街市上有个少年，想欺侮韩信，对他说："别看你长得高大，喜欢佩刀带剑的，其实你内心胆小得很。"少年叉开腿站在路中央，当着众人的面羞辱他说："你要是不怕死，就刺我一刀；要是怕死，你就从我裤裆下钻过去吧。"韩信盯着少年看了一会儿，低下头，慢慢地匍匐下身子，从他的胯下钻过去了。满街的人都哄笑起来，认为他太没胆量了。

后来韩信当了大官，回到淮阴，把当年羞辱自己的少年找来，让他当了一名小军官，并且告诉那些将相说："这人也算是个壮士。当年他羞辱我的时候，我难道就不能杀了他？因为杀他对我俩都没好处，所以我就忍了，这才有今天啊。"

这个故事记载在《史记·淮阴侯列传》里，原文是这样的——

淮阴侯韩信者，淮阴人也。始为布衣时，贫

无行，不得推择为吏，又不能治生商贾，常从人寄食饮，人多厌之者。常数从其下乡南昌亭长寄食，数月，亭长妻患之，乃晨炊蓐食。食时信往，不为具食。信亦知其意，怒，竟绝去。

信钓於城下，诸母漂，有一母见信饥，饭信，竟漂数十日。信喜，谓漂母曰："吾必有以重报母。"母怒曰："大丈夫不能自食，吾哀王孙而进食，岂望报乎！"

淮阴屠中少年有侮信者，曰："若虽长大，好带刀剑，中情怯耳。"众辱之曰："信能死，刺我；不能死，出我袴下。"于是信孰视之，俛出袴下，蒲伏。一市人皆笑信，以为怯。……信至国，……召辱己之少年令出袴下者以为楚中尉。告诸将相曰："此壮士也。方辱我时，我宁不能杀之邪？杀之无名，故忍而就于此。"

大文豪苏东坡认为，韩信之所以能成大事，和他的"能忍"有很大关系。生活中总有种种不顺心的事情，不冲动，不轻率，咬咬牙忍过去，也许后面就是云开日出了。《水浒传》中有一个好汉，遇到了和韩信差不多的事，但因为没忍住，闯下了大祸，你知道是谁吗？

国学小贴士

淮阴侯

淮阴侯就是汉代名将韩信，出生大约在公元前 231

年，公元前196年去世，祖籍淮阴（原江苏省淮阴县，今淮阴区）。他是西汉的开国功臣，与萧何、张良并称“汉初三杰”。据说有一次韩信和汉高祖刘邦说起带兵的事，刘邦问：“你看我能带多少兵？”韩信回答说：“陛下最多能带十万。”刘邦问：“那你呢？”韩信回答说：“我嘛，越多越好。”所以有“韩信将兵，多多益善”之说。

飞将军李广

汉代的时候，匈奴大举入侵上郡，皇帝派宦官来跟李广学习排兵布阵，抗击匈奴。有一天，宦官带了几十个骑兵出去，遭遇了三个匈奴兵。相互对射中，宦官受了伤，部下也差不多都被射死了。宦官逃到李广那里。李广一听，肯定地说："这一定是匈奴射雕的人。"于是带了一百个骑兵去追那三个人。那三人没有马，步行了几十里，被李广追上了。李广让士兵像鸟儿展翅似的朝左右两边排开。自己亲自动手用弓箭射那三个人，杀死两个，活捉了一个，一问，果然是匈奴的射雕人。

李广刚把俘虏捆绑好，放在马上，远远看见匈奴来了几千个骑兵。敌人也看见了李广，但看他们人数那么少，以为是汉兵派出来的诱饵，都大吃一惊，在山上摆开了阵势。李广手下的骑兵们吓坏了，想赶快逃走。李广说："我们离开大部队几十里路，现在就凭我们这百十号人逃走，匈奴追过来，立刻就能把我们杀光。现在我们只有反其道而行之，留下不走，匈奴一定以为我们是大部队派出

来的诱饵，不敢攻击我们。”说罢，李广命令骑兵：“向前！”一直前进到离匈奴阵营二里左右，才停下来，下令说：“都下马，卸下马鞍。”骑兵们说：“敌人那么多，而且离得那么近，万一发生紧急情况，怎么办？”李广说：“敌人认为我们会逃走，现在我们卸下马鞍表示不走，让他们坚信我们是诱饵。”匈奴果然不敢发起攻击。有一个将领骑着白马出列调派士兵，李广上马和十多个骑兵一下子冲出去射杀了那个骑白马的将领，然后又回到自己人这边，卸下马鞍，让士兵都放开马，随地躺卧。这时，天渐渐暗了，匈奴始终觉得很奇怪，不敢发起攻击。到了半夜，匈奴怕汉人有重兵埋伏，到半夜出来一举歼灭他们，就带着大部队撤走了。

这个故事出自《史记·李将军列传》，原文是这样的——

匈奴大入上郡，天子使中贵人从广勒习兵

击匈奴。中贵人将骑数十纵，见匈奴三人，与战。三人还射，伤中贵人，杀其骑且尽。中贵人走广。广曰："是必射雕者也。"广乃遂从百骑往驰三人。三人亡马步行，行数十里。广令其骑张左右翼，而广身自射彼三人者，杀其二人，生得一人，果匈奴射雕者也。已缚之上马，望匈奴有数千骑，见广，以为诱骑，皆惊，上山陈。广之百骑皆大恐，欲驰还走。广曰："吾去大军数十里，今如此以百骑走，匈奴追射我立尽。今我留，匈奴必以我为大军诱之，必不敢击我。"广令诸骑曰："前！"前未到匈奴陈二里所，止，令曰："皆下马解鞍！"其骑曰："虏多且近，即有急，奈何？"广曰："彼虏以我为走，今皆解鞍以示不走，用坚其意。"于是胡骑遂不敢击。有白马将出护其兵，李广上马与十余骑奔射杀胡白马将，而复还至其骑中，解鞍，令士皆纵马卧。是时会暮，胡兵终怪之，不敢击。夜半时，胡兵亦以为汉有伏军于旁欲夜取之，胡皆引兵而去。

同学们，你能说说在这个故事中李广将军表现出了哪些好品质吗？

国学小贴士

世 家

"世家"原来的意思指门第高贵并且世代相沿续的人

家,后来泛指世代显贵的家族或大家。在《史记》里,“世家”是为诸侯立传的,比如“孔子世家”“越王勾践世家”。后来也用于指以某种专业世代相承的家族,如“诗礼世家”;也可以指世代交好的,比如“咱们和他是世家”。

聪明的优旃

秦朝的时候，有个侏儒，名叫“旃”，因为身形奇特，就在皇宫里做了优人——就是专门给皇帝逗乐子的，人们把他叫作优旃。他很会说笑话，但说的话却符合大道理。

有一天，秦始皇在宫殿里大摆筵席，天下着雨，侍卫们手持盾牌站在台阶上，被雨淋得又湿又冷。优旃看见了，心里很可怜他们，对他们说：“你们想要休息吗？”侍卫们都说：“如果能休息，那真是太好啦。”优旃说：“那一会儿我叫你们，你们赶快答应。”过了一会儿，殿上开始敬酒，山呼万岁。优旃靠着廊柱，大声喊道：“侍卫们！”侍卫们应声答道：“在！”优旃说：“你们虽然长得高大，有什么用？只便宜你们在雨中站着。我虽然矮小，却因此能在这里享受哪。”于是，秦始皇让侍卫减去一半，轮流休息。

秦始皇曾经想要建一个大花园，东到函谷关，西到雍、陈仓。优旃说：“好呀，里面多放养些动物。敌人从东方来，让麋鹿用角把他们顶出去就是了。”秦始皇被他这样一说，就不造花园了。

后来秦二世当了皇帝，又想把城墙全部漆上一遍。优旃说："好呀，陛下就是不说，我也正想请求您呢。把城墙漆一遍，虽然百姓要费钱费力，但实在是太好了！城墙漆得滑溜溜的，敌人来攻城爬都爬不上来。我们这就动手，漆一遍也不难，只是到哪里去找那么大的一间屋子，能把城墙放里面阴干呢？"秦二世笑了，被他说得不干那傻事了。

这个故事记载在《史记·滑稽列传》中，原文是这样——

优旃者，秦倡侏儒也。善为笑言，然合于大道。秦始皇时，置酒而天雨，陛楯者皆沾寒。优旃见而哀之，谓之曰："汝欲休乎？"陛楯者皆曰："幸甚。"优旃曰："我即呼汝，汝急应曰诺。"具有顷殿上上寿，呼万岁。优旃临槛，大呼曰："陛楯郎！"郎曰："诺。"优旃曰："汝虽长，何益，幸雨立。我虽短也，幸休居。"于是，始皇使陛楯者得半相待。

始皇尝欲大苑囿，东至函谷关，西至雍、陈仓。优旃曰："善。多纵禽兽于其中。寇从东方来，令麋鹿触之足矣。"始皇以故辍之。

二世立，又欲漆其城。优旃曰："善。主上虽无言，臣固将请之。漆城虽于百姓愁费，然佳哉！漆城荡荡，寇来不能上。即欲就之，易为漆耳，顾难为荫室。"于是二世笑之，以其故止。

作为给皇上逗乐子的人，优旃在朝廷里的地位是很低的，但他却还关心别人，利用自己的机智阻止皇帝干一些劳民伤财的事，真是可敬可爱。正因为这样，司马迁把他的事迹写进了历史书。而司马迁为底层小人物立传的举动，是不是也很值得称赞呢？

故事中，秦始皇和秦二世要做的事，优旃明明是不赞成的，可是他开口却总是说“善”，想一想：这是为什么呢？

国学小贴士

古人的特殊称呼

这个故事的主人公叫优旃，可是，千万别以为他姓优叫旃。“优”是他的行当，就是宫中专门负责给帝王取乐的，古人习惯把所从事的行当和他的名字连在一起，叫他“优旃”。庄子“庖丁解牛”中的“庖丁”，“庖”也是他的行当。孟子“弈秋教棋”中“弈秋”的“弈”，差不多也是这个意思。

美丽的三峡

三峡七百里长的河岸，两边高山一座连着一座，几乎没有空缺的地方。重重叠叠的高山峻岭，把天空和太阳都遮蔽掉了，只有正中午，才能看得见太阳当头；也只有在半夜时分，月亮升到高空，才能望得见月亮。

到了夏天，浩大的水流沿着山陵滚滚而来，想要逆水而上，简直就不可能。朝廷若有紧急命令，早上从白帝城出发，傍晚就可以到达江陵，这中间的路程有一千二百里呢，即使骑上最好的骏马乘风而行，也不能那么快啊。

春冬的时候，江水澄清碧绿，山峰都倒映在水中。高峻的山岩上长着很多姿态奇异的柏树，泉水从高处泻下，形成一道道瀑布，在其中飞流直下，水流清澈，树木繁茂，山岩险峻，芳草丰盛，真是太值得品味了。

每逢晴天，冬天下霜之日的早晨，山林水涧透出阵阵寒肃之气，常有攀爬在高山上的猿猴发出长长的啸声，听上去可凄凉了。这声音在空旷的山谷中传响，哀哀婉婉，很久才停下。所以渔人唱的歌里说："巴东三峡巫峡长，猿鸣三声泪沾裳！"

这篇文章在《水经注》里，原文是这样的——

自三峡七百里中，两岸连山，略无阙处。重岩叠嶂，隐天蔽日，自非亭午夜分，不见曦月。至于夏水襄陵，沿溯阻绝。或王命急宣，有时朝发白帝，暮到江陵，其间千二百里，虽乘奔御风，不以疾也。春冬之时，则素湍绿潭，回清倒影。绝巘多生怪柏，悬泉瀑布，飞漱其间，清荣峻茂，良多趣味。每至晴初霜旦，林寒涧肃，常有高猿长啸，属引凄异。空谷传响，哀转久绝。故渔者歌曰："巴东三峡巫峡长，猿鸣三声泪沾裳！"

这篇美文是一千五百多年前一位叫郦道元的人在游览三峡之后写的。

郦道元从小就喜欢自然山水，喜欢研究地理。他游览过的地方可多啦，足迹遍及今天的河北、河南、山东等地。他可不是随便走走，而是认真调查了当地的地理、历史和风土人情等。同时，他还阅读了大量古代地理学著作，积累了丰富的地理学知识。郦道元读过的书里，有一本地理学著作，叫《水经》。郦道元利用自己掌握的丰富的第一手资料，在《水经》的基础上，写下了很多自己观察体验后的文字，人们把它叫作《水经注》。

同学们，你读了这段文字，是否觉得三峡很美呢？郦道元用的是文言，读起来可能有点难，但是却更有韵味，不信，你试试。多读几遍，最好把它背下来哦。

国学小贴士

《水　经》

《水经》是我国第一部记述水系的专著。著者和成书年代历来说法不一。有人说是晋代学者郭璞写的，也有人说郭璞只是作注，作者是三国时人桑钦。《水经》简要记述了 137 条全国主要河流的水道情况。记载相当简略，缺乏系统性。郦道元所做的注超出原文 20 倍，而且文采斐然，所以《水经注》比《水经》更为著名。

崔光负绢

南北朝时期，鲜卑族拓跋氏在北方建立了第一个王朝，叫后魏，又称北魏、拓跋魏或元魏。建都在平城，也就是今天的山西省大同市。公元 493 年开始，后魏迁都到了洛阳。当时的年号是太和。后魏自从太和年间迁都之后，国家非常富裕，国库里藏的东西多到堆不下，都满出来了。铜钱和丝织品就那么裸露着堆在走道里，数都数不清。

皇太后看东西实在太多，就恩赐文武百官都来背丝绸，随便你拿多少。所有官员都竭尽全力，能拿多少拿多少。最过分的是章武侯王融和陈留侯李常，他们拼命把丝绸往背上放，堆得实在太高了，竟被压倒在地，伤了脚踝。太后一生气就不给他们了，让他们空着手出去，成为当时人的笑谈。

侍中崔光只拿了两匹。太后问他说："你为什么拿这么少？"崔光回答说："我有两只手，只能拿两匹，这就够多的了。"朝中的权贵不得不佩服他的清廉。

这个故事记载在《洛阳伽蓝记》中。原文是这样的——

> 后魏自太和迁都之后，国家殷富，库藏盈溢，钱绢露积于廊庑间，不可校数。太后赐百官负绢，任意自量，朝臣莫不称力而去。唯章武侯王融与陈留侯李常崇绢过任，蹶倒伤踝。太后即不与之，令其空出，时人笑焉。侍中崔光止取两匹。太后问曰："侍中何少？"对曰："臣有两手唯堪两匹所获多矣。"朝贵服其清廉。

同学们读了这个故事，想象一下章武侯王融和陈留侯李常贪得无厌的狼狈样子，是不是很可笑？再想想崔光的淡定从容，是不是很值得钦佩？

国学小贴士

《洛阳伽蓝记》

《洛阳伽蓝记》简称《伽蓝记》，为北魏文人杨衒之所作，是一部集历史、地理、佛教、文学于一身的历史和人物故实类笔记。“伽蓝”是寺庙的意思，书中历数北魏洛阳城的伽蓝（佛寺），分城内、城东、城西、城南、城北五卷叙述，对寺院的缘起变迁、庙宇的建制规模及与之有关的名人轶事、奇谈异闻都有详细的记载。它与郦道元《水经注》一同，被认为是北朝文学的双璧。又和《水经注》及颜之推的《颜氏家训》并称为中国北朝时期的三部杰作。《四库全书》将其列入史部地理类。“史”部不仅是写历史的书，也包括写地理的、天文的，还有地方志甚至杂传。

孝子王祥

王祥是个特别孝顺的人。他早年失去了母亲。继母姓朱，对他一点也不好，老是在父亲跟前说他的坏话，因此父亲也不喜欢他了。每每让他打扫牛圈，王祥却更加恭敬谨慎了。父母生病，他晚上就不脱衣服睡觉，好随时起来伺候。汤药必定先亲自尝了，确信无毒，温度也合适，才给父母喝。有一次，继母想吃新鲜的鱼，当时正是天寒地冻的冬天，王祥来到河面上，脱了衣服，想用体温融化冰面来抓鱼。这时，冰面忽然自己裂开，跳出了一对鲤鱼，他捉着鱼回家了。继母又想着要吃烤黄雀，一会儿就有几十只黄雀飞进王祥的帐篷，王祥又抓了给母亲吃。乡里的人都惊叹，认为这一定是王祥的孝心感动了天地。王祥家有一棵红沙果树，结果的时候，继母让他好好看守着。每当刮风下雨，王祥就抱着树干哭泣。生怕风雨打落了果实，母亲吃不到了。他就是这样一点没杂念地孝顺父母。

东汉末年战乱，王祥扶着母亲，带着弟弟王览到庐江

躲避战火，隐居了三十多年，官府给他官做，他都不去。母亲去世，他守丧身心交瘁，必须撑着手杖才站得起来。徐州刺史吕虔请他出来做官，这时王祥已年近60了，他坚决推辞，不肯出去做官。弟弟王览劝他，帮他把牛车都准备好了，他这才应召做了官，刺史把州里的事都托付给他。当时强盗特别多，王祥激励兵士，率领他们一次次打胜仗。从此徐州地面上安宁清静，社会风气也变得很好很好。

这个故事记载在《晋书·王祥传》里，原文是这样的——

祥性至孝。早丧亲，继母朱氏不慈，数谮之，由是失爱于父。每使扫除牛下，祥愈恭谨。父母有疾，衣不解带，汤药必亲尝。母常欲生鱼，时天寒冰冻，祥解衣将剖冰求之，冰忽自解，双鲤跃出，持之而归。母又思黄雀炙，复有黄雀数十飞入其幕，复以供母。乡里惊叹，以为孝感所致焉。有丹柰结实，母命守之，每风雨，祥辄抱树而泣。其笃孝纯至如此。

汉末遭乱，扶母携弟览避地庐江，隐居三十余年，不应州郡之命。母终，居丧毁瘁，杖而后起。徐州刺史吕虔檄为别驾，祥年垂耳顺，固辞不受。览劝之，为具车牛，祥乃应召，虔委以州事。于时寇盗充斥，祥率励兵士，频讨破之。州界清静，政化大行。

王祥是中国历史上著名的孝子，他“卧冰”的故事是著名的“二十四孝”之一。在今天看来，卧冰、亲尝汤药，都已经不可信或不可取了，不过王祥的善良，他身上那种不论别人怎么对我，我都坚持自己的操行的精神，还是值得我们学习的。

读完故事，和爸爸妈妈讨论讨论：你觉得“卧冰”的故事可信吗？为什么“亲尝汤药”现在看来是不可取的？

国学小贴士

《晋　书》

《晋书》是中国的“二十四史”之一，由唐代房玄龄主编。记载上起东汉末年、下至东晋恭帝元熙二年(420)的重要历史事件和人物。同时还以“载记”的形式，记述了十六国政权的状况。

一字师

一

唐代有个诗人，叫郑谷，写诗的名气很大，因为他的《鹧鸪诗》特别出名，人们干脆叫他“郑鹧鸪”。有个和尚，也喜欢作诗，名叫齐己。有一天，他带着自己写的诗去拜访郑谷。其中有一首《早梅诗》，说：“前村深雪里，昨夜数枝开。”郑谷笑着说：“‘数枝’就不算早了，不如‘一枝’更好。”齐己一下子被点醒了，不觉提起僧袍，向郑谷下跪叩头

拜谢。从此以后，读书人都知道郑谷是齐己的“一字师”。

这个故事出自《五代史补》卷三《僧齐己》，原文是这样的——

> 时郑谷在袁州，齐己因携所为诗往谒焉。有《早梅诗》曰：“前村深雪里，昨夜数枝开。”谷笑谓曰：“‘数枝’非早也，不若‘一枝’则佳。”齐己矍然，不觉兼三衣叩地膜拜。自是士林以谷为齐己“一字之师”。

写早梅，要突出梅花开得早。齐己的诗中说雪还在，而且很厚，说明冬天尚未过去，而几枝梅花竟然开了，那确实是早的。郑谷让齐己把“数枝”改为“一枝”，意思是别的都还没开，就这一枝开了，当然就更突出了它的“早”。

二

北宋文学家范仲淹在浙江桐庐做太守时，因为敬仰东汉的隐士严子陵，特地在桐庐宜春江给他建造了祠堂，并写了篇《严先生祠堂记》。文中有一首赞颂严子陵的诗，说：“云山苍苍，江水泱泱，先生之德，山高水长。”写完，范仲淹拿给朋友李泰伯看。李泰伯读着，反复感叹、品味，最后起身对范仲淹说：“您这文章一问世，定会扬名天下，我想斗胆帮您改一个字，让这篇文章更完美。”范仲淹一惊，握住李泰伯的手请教。李泰伯说：“‘云山’‘江水’这些词，都是非常宏大，有气魄的，而下面用一个‘德’

字接它，似乎显得局促，换个‘风’字怎么样？”范仲淹听后，认真想了想，果然意味大不相同！他连连点头，简直就想跪下来感谢他。

这个故事记载在宋代洪迈的《容斋随笔》里，原文是这样的——

> 范文正公守桐庐，始于钓台建严先生祠堂，自为记，其歌词曰：“云山苍苍，江水泱泱。先生之德，山高水长。”既成，以示南丰李泰伯。泰伯读之三叹，味不已，起而言曰：“公之文一出，必将名世，某妄意易一字，以成盛美。”公瞿然，握手扣之。答曰：“云山江水之语，于义甚大，于词甚溥，而‘德’字承之，乃似趢趚(lù sù)，拟换作‘风’字如何？”公凝坐颔首，殆欲下拜。

李泰伯可以说是范仲淹的“一字师”。为什么“风”就比“德”好呢？从字面上看，云山、江水都是自然景物，而“德”不是，换成“风”，会显得更加协调；更重要的是，“风”有“风范”“风度”“风传千里”“风流千古”“高风亮节”等种种意味，更能表现出对严子陵的敬仰之情。

国学小贴士

炼 字

我们的汉字是表意文字，每个字都有一个或多个意思，改动一个字，句子所表达的意义就可能发生很大的变化。古人所谓的“炼字”，就是尽可能选择最合适的字来表达自己想要表达的意思。有时，旁人也可能参与这个炼字的过程，效果显著时，就被称为“一字师”。

淝水之战

前秦苻坚的部队紧靠淝水布下了战阵，晋国的兵无法渡河。谢玄派出使者对苻坚的弟弟阳平公苻融说："您带着部队孤军深入，而且紧靠淝水布阵，看样子是要打持久战，不打算速战速决了。假如您让部队稍微往后撤一点，让晋国的军队能渡过淝水，和您一决胜负，不是很好嘛！"前秦的众将领都说："我们人多，他们人少，不如就这样堵住他们，不让他们过来，这就能万无一失。"苻坚说：

“没事，只是把部队稍往后退一点，等他们渡河渡到一半的时候，我用铁甲骑兵逼上去厮杀，一定能打胜仗！”阳平公苻融也认为很对，于是就指挥部队往后退。兵士听到后退的命令，就开始往后移动，不料这一退，竟怎么也止不住了。

谢玄、谢琰、桓伊等趁机带领士兵渡过淝水攻击他们。阳平公苻融骑着快马巡视战阵，想要制止部队的后退，不料马倒下，他被晋兵杀了，这一来，前秦的军队全线溃败。谢玄等乘胜追击，一直打到青冈。前秦的兵大败，互相踩踏而死的，尸体遮蔽了原野，堵塞了河流。逃跑的人听到风吹的声音、鹤叫的声音，都以为是晋兵到了，白天黑夜都不敢停息。他们不敢走大路，挑长着野草的荒僻路径走，晚上就在露天宿营，加上又饿又冷，十个人中倒有七八个死了。

之前，秦兵刚开始退却，做了前秦俘虏的晋朝人朱序就在军队后面高喊：“秦兵打败仗啦！”于是众人就奔走逃跑起来。朱序趁机和另外两个俘虏张天锡、徐元喜一起逃回晋营。晋军缴获了前秦君王苻坚所乘的云母车，又攻取了寿阳，俘虏了淮南太守郭褒。

这个故事记载在《资治通鉴》里，原文是这样的——

秦兵逼淝水而陈，晋兵不得渡。谢玄遣使谓阳平公融曰：“君悬军深入，而置陈逼水，此乃持久之计，非欲速战者也。若移陈少却，使晋兵得渡。以决胜负，不亦善乎！”秦诸将皆曰：“我众彼寡，不如遏之，使不得上，可以万全。”坚曰：“但引兵少却，使之半渡，我以铁骑蹙而杀之，蔑不胜矣！”融亦以为然，遂麾兵使却。秦兵遂退，不可复止。

谢玄、谢琰、桓伊等引兵渡水击之。融驰骑略陈，欲以帅退者，马倒，为晋兵所杀，秦兵遂溃。玄等乘胜追击，至于青冈。秦兵大败，自相蹈藉而死者，蔽野塞川。其走者闻风声鹤唳，皆以为晋兵且至，昼夜不敢息，草行露宿，重以饥冻，死者十七八。

初，秦兵少却，朱序在陈后呼曰：“秦兵败矣！”众遂大奔。序因与张天锡、徐元喜皆来奔。获秦王坚所乘云母车。复取寿阳，执其淮南太守郭褒。

淝水之战是中国古代军事史上非常有名的一场以少胜多、以弱胜强的战役，从这个故事中不难看出，战争的胜败和士气有很大的关系。秦军轻敌傲慢，草率后退，导致军心涣散，最后兵败如山倒。

故事里面有几个大家都很熟悉的成语，你能找出一个吗？如果能找出两个，你就太厉害了！

国学小贴士

司马光

司马光，字君实，号迂叟，世称涑水先生。生于宋仁宗宝元元年(1038),元祐元年(1086)去世。是北宋重要的政治家和史学家,历仕仁宗、英宗、神宗、哲宗四朝,官职很高。死后追赠太师、温国公,谥号文正。政治上是王安石变法的对立派。著述很多,影响最大的是主持编纂了编年体通史《资治通鉴》。

陶侃惜时

陶侃幼年就失去了父亲，家境贫寒，在地方上担任检察官。长沙太守万嗣经过庐江，会见了他，觉得这是个人才，就让自己的儿子和他结为好友。后来经过察举，他成了孝廉，来到洛阳，豫章王的郎中令杨晫(zhuó)把他推荐给大官顾荣，陶侃就这样有了一定的名声。

陶侃在广州担任刺史这个官职的时候，公事不多。空闲的时候，他每天早上把一百块砖头搬运到书房外面，到了傍晚再搬回来。别人看了，都觉得很奇怪，就问他："你这是干什么呀?"他回答说："我正想着要进军中原，消灭敌人，太安逸了，恐怕将来不能担当大事，所以自己劳动劳动。"

晋明帝太宁三年的五月里，朝廷果然任命陶侃做了征西大将军，督管荆、襄、雍、梁四个州的一切军务，还兼任荆州刺史。荆州的百姓听到这个消息，都相互庆贺。

陶侃生性聪明机智，认真勤恳，整天盘腿端端正正坐在那里，衙门里大大小小的事情，一件件处理、检查，从不遗漏，一刻也不闲着。他常常对别人说："大禹这样的圣人，也珍惜一寸寸的光阴，我们这样的普通人，就应当珍惜一分分的光阴。怎么可以只是吃吃喝喝、安逸享乐？人活着，不能对时代有所贡献，死了不能留名于世，这是糟践自己！"

这个故事记载在《资治通鉴》里，原文是这样的——

初，陶侃少孤贫，为郡督邮。长沙太守万嗣过庐江，见而异之，命其子结友而去。后察孝廉，至洛阳，豫章国郎中令杨晫荐之于顾荣，侃由是知名。

侃在广州无事，辄朝运百甓于斋外，暮运于斋内。人问其故，答曰："吾方致力中原，过尔优逸，恐不堪事，故自劳耳。"太宁三月，五月，以陶侃为征西大将军，都督荆、湘、雍、梁四州诸军事、荆州刺史，荆州士女相庆。侃性聪敏恭勤，终日敛膝危坐，军府众事，检摄无遗，未尝少闲。常语人云："大禹圣人，乃惜寸阴，至于众人，当惜分阴。岂可但逸游荒醉，生无益于时，死无闻于后，是自弃也！"

同学们都知道"一寸光阴一寸金"的说法吧？那是因为古人没有时钟，他们根据阳光的移动来估算时间，所以时间是一寸一寸的。陶侃觉得还要更进一步，要珍惜一分一分的光阴。古人的长度单位有"尺"，"尺"下面是

“寸”,“寸”下面是“分”。“惜寸阴”已经是很珍惜时间的意思了,陶侃说要“惜分阴”,那就是说分分秒秒的时间都不能浪费。同学们,你们能做到吗?

国学小贴士

《资治通鉴》

《资治通鉴》,(简称《通鉴》),是北宋司马光主编的中国第一部编年体通史,在中国官修史书中占有重要地位。全书 294 卷,自周威烈王二十三年(前 403)始,到五代后周世宗显德六年(959)征淮南止,涵盖十六个朝代 1362 年的历史。编写者的意图是总结历史教训,供统治者借鉴,所以定名为《资治通鉴》,就是“鉴于往事,有资于治道”的意思。

程门立雪

宋代有个读书人，姓杨，名时，字中立。是福建南平（当时叫南剑）将乐人。杨时小时候就特别聪明，会写文章。长大后专心研究儒家的经典和史书。熙宁九年，也就是公元 1076 年，他中了进士。当时，河南有两兄弟，哥哥叫程颢，弟弟叫程颐，后人称他们为"二程"。"二程"在颍昌讲学，阐发孔子和孟子的学说，名气很大，各地的读书人都纷纷跑去拜他们为师。这时，杨时已经获得了官职，却不去上任，跑到颍昌去见程颢，拜他为师，两人很是谈得来，相处得特别开心。杨时回去的时候，程颢一直目送他远去，感慨地说："我的学问去了南边了。"

四年之后，程颢去世了，杨时听到这个消息，在内室给程颢设了灵位悼念他。并且写讣告发送给同学们。他又到洛阳去见程颐。这时他差不多四十岁了，但还是恭恭敬敬地把程颐当老师看待。有一天，他去拜访程颐，碰巧程颐正合着眼在休息。杨时和另一位书生游酢一起，毕恭毕敬地等着，一直不离开。程颐醒来，门外的雪已经

积得有一尺深了。

杨时安居于自己所在的州县，不求出名，可是由于他人品高，学问好，威望越来越高，四面八方的读书人都从远方赶来和他相处，人们尊称他为龟山先生。

这个故事记载在《宋史·杨时传》中，原文是这样的——

杨时字中立，南剑将乐人。幼颖异，能属文。稍长，潜心经史。熙宁九年，中进士第。河南程颢与弟颐讲孔、孟绝学于熙、丰之际，河、洛之士翕然师之。时调官不赴，以师礼见颢于颍昌，相得甚欢。其归也，颢目送之曰："吾道南矣。"四年而颢死，时闻之，设位哭寝门，而书赴告同学者。至是，又见程颐于洛，时盖年四十矣。一日见颐，颐偶瞑坐，时侍立不去，颐既觉，则门外雪深一尺矣。……时安于州县，未尝求闻达，而德望日重，四方之士不远千里从之游，号曰龟山先生。

类似“程门立雪”这样的故事，在传说中还有很多，或是说古人尊敬师长，或是说古人刻苦求学，比如囊萤映雪、凿壁偷光、悬梁刺股……你还能说出一两个吗？说不出的话，去问问爸爸妈妈。

国学小贴士

“二　程”

“二程”是北宋著名的哲学家、教育家。哥哥程颢字伯淳，又称明道先生。弟弟程颐字正叔，又称伊川先生。他们建立了以“天理”为核心的理学体系，成为中国文化史上的旷世大儒。他们的理学思想对后世有较大影响，南宋朱熹正是继承和发展了他们的学说，后世合称“程朱理学”。洛阳伊川有二程墓。“程门立雪”的故事既是在赞赏杨时的刻苦求学、尊敬师长，也反映出“二程”在当时的地位和声望。

子　部

上行下效

从前，晋文公不喜欢别人穿好衣服，所以晋文公手下的大臣都穿得很不好，皮衣都是母羊皮做的，挂剑也不用玉带，就用条牛皮绳子，帽子是白色熟绢做的，他们出入都这样穿着，或者进宫见国君，或者在朝廷走动。这是为什么呢？国君喜欢嘛，所以臣子就这样做了。

从前，楚灵王喜欢手下人腰身细，所以灵王的大臣都拼命节制，一天只吃一顿饭，猛吸一口气屏住再束腰带，体虚得要扶着墙才站得起来。到了第二年，满朝文武全都面有菜色。这是什么缘故呢？国君喜欢这样，所以臣子们就只能这样。

从前，越王句践喜欢勇敢的人，教导训诫他的臣下，把他们聚集起来，然后放火烧船，试探他的士兵说："越国的宝藏都在这里！"越王亲自擂鼓，激励他的士兵向前，士兵听到擂鼓的声音，乱哄哄争着向前，葬身在火海中的左右近臣有一百多人，越王这才鸣金收兵。

所以，墨子说："像这种少吃东西、穿坏衣服，为名誉而牺牲生命，这是天下百姓都很难做到的。但是如果国君喜欢，民众还是能做到。何况人与人相爱、彼此都给对方好处，和这是很不相同的！爱别人的人，别人也会因此而爱他；给别人好处的，别人也会跟着给他好处；憎恶别人的人，别人也会随之憎恶他；损害别人的人，别人也会损害他。这有什么难的呢？”

这个故事记载在《墨子·兼爱》中，原文是这样的——

昔者晋文公好士之恶衣，故文公之臣皆牂羊之裘，韦以带剑，练帛之冠，入以见于君，出以践于朝。是其故何也？君说之，故臣为之也。昔者楚灵王好士细要，故灵王之臣皆以一饭为节，胁息然后带，扶墙然后起。比期年，朝有黧黑之色。是其故何也？君说之，故臣能之也。昔越王句践好士之勇，教驯其臣，和合之，焚舟失火，试其士曰："越国之宝尽在此！"越王亲自鼓其士而进之，士闻鼓音，破碎乱行，蹈火而死者，左右百人有余，越王击金而退之。

是故子墨子言曰：乃若夫少食恶衣，杀身而为名，此天下百姓之所皆难也。若苟君说之，则众能为之。况兼相爱、交相利，与此异矣！若苟君说之，则众能为之。况兼相爱、交相利，与此异矣！夫爱人者，人亦从而爱之；利人者，人亦从而利之；恶人者，人亦从而恶之；害人者，人亦从而害之。此何难之有焉？

墨子在这里讲了三个故事来说明上行下效的道理，用的都是反面的例子，告诉我们：即使是不好的事情，只要国君喜欢，人们还是会去做。何况他所主张的兼爱，是让人受益的好事，只要占据上位的人倡导，就一定能做到。这样来讲道理是不是很有特色？你能不能学这个样子，用几个故事来证明“父母的行为对孩子很重要”？

国学小贴士

子

在先秦，“子”可以指婴儿，也用来表示第二人称，相当于现代汉语中的“你”或者“您”。“子”还是周代诸侯的第四等爵位（公、侯、伯、子、男），也可用于对男子的通称和尊称，如孔子、孟子。他们的著作，有时也用“子”来称呼，如《老子》《庄子》。这类著作后来被称为“子书”。

“经史子集”中的“子”，指的是学者、思想家和他们的著作。汉以后，把先秦众多的学者、思想家和他们的著作称为“诸子”。主要有儒家、道家、墨家、法家、名家、农家、阴阳家、纵横家、杂家等。

墨子救宋

公输盘为楚国研制了一种专门用于攻城的器械，叫作云梯，要用它来进攻宋国。墨子听说后，从齐国动身，走了十天十夜，到达楚国的国都郢，去见公输盘。公输盘问："先生有什么指教？"墨子说："北方有人欺侮我，想请您帮我杀了他。"公输盘不高兴了。墨子又说："我送您一千两黄金。"公输盘说："我坚守道义，绝不乱杀人！"

墨子站起来，恭敬地拜了两拜，说："您听我说。我听说您做了云梯，要用来攻打宋国。宋国有什么罪过？楚国的疆土够大，而人口却不多。和宋国打仗，杀死本来就不多的人，而去抢本来就够多的土地，不能说是聪明；宋国没有罪却去攻打它，不能说是仁义；明知这个道理却不据理力争，不能说是忠诚；争取了却没成功，不能说是强大。从道义出发不肯杀一个人却去杀害很多人，不能说是明理的人。"公输盘承认墨子说得不错。墨子说："既然这样，为什么还不停止呢？"公输盘说："不行啊，我已经和楚王说好了。"墨子说："那您为什么不把我推荐给楚王

呢?”公输盘答应说:“好吧!”

墨子去见楚王,把他也给说服了。楚王说:“您说得很对! 不过,公输盘为我把云梯都造好了,宋国是一定要攻打的。”

于是墨子又去见公输盘。他解下衣带作为城墙,用竹片作为守城的器械,公输盘一次次用灵活多变的方法攻城,墨子一次次把他挡在城外。公输盘进攻的器械全都用完了,墨子守城的器械却还有很多。公输盘无计可施,就说:“我知道可以用什么办法打败您,我不说。”墨子说:“我知道您会用什么办法对付我,我也不说。”

楚王莫名其妙。墨子说:“公输先生的意思,不过是想杀了我;杀了我,宋守不住,就可以攻取了。但我的弟子禽滑厘等三百人,已经拿了我的守城之器,在宋国城墙上等着楚国的入侵者了。杀了我,却杀不尽他们。”楚王说:“好吧! 我不再攻打宋国了。”

这个故事出自《墨子》,原文是这样的——

公输盘为楚造云梯之械,成,将以攻宋。子墨子闻之,起于齐,行十日十夜,而至于郢,见公输盘。公输盘曰:“夫子何命焉为?”子墨子曰:“北方有侮臣者,愿借子杀之。”公输盘不说。子墨子曰:“请献千金。”公输盘曰:“吾义固不杀人!”子墨子起,再拜,曰:“请说之。吾从北方闻子为梯,将以攻宋。宋何罪之有?荆国有余于地,而不足于民。杀所不足而争所有余,不可谓智;宋无罪而攻之,不可谓仁;知而不争,不可谓忠;争而不得,不可谓强。义不杀少而杀众,不可谓知类。”公输盘服。子墨子曰:“然,胡不已乎?”公输盘曰:“不可,吾既已言之王矣。”子墨子曰:“胡不见我于王?”公输盘曰:“诺!”

子墨子见王……王曰:“善哉!虽然,公输盘为我为云梯,必取宋。”

于是见公输盘。子墨子解带为城,以牒为械,公输盘九设攻城之机变,子墨子九距之;公输盘之攻械尽,子墨子之守圉有余。公输盘诎。而曰:“吾知所以距子矣,吾不言。”子墨子亦曰:“吾知子之所以距我,吾不言。”

楚王向其故。子墨子曰:“公输子之意,不过欲杀臣;杀臣,宋莫能守,乃可攻也。然臣之弟子禽滑厘等三百人,已持臣守圉之器,在宋城上而待楚寇矣。虽杀臣,不能绝也。”楚王曰:

“善哉！吾请无攻宋矣。”

墨子反对战争，他和公输盘的较量不仅靠言辞，也靠他对攻守之术的熟悉以及视死如归的勇气，很值得敬佩。

国学小贴士

《墨　子》

《墨子》是阐述墨家思想的著作。墨家是中国东周时期的哲学派别，诸子百家之一，与孔子所代表的儒家、老子所代表的道家共同构成了汉民族三大哲学体系。墨家在先秦时期影响很大，与儒家并称“显学”。墨家的主要思想有主张人与人之间平等的相爱（兼爱），反对侵略战争（非攻），推崇节约、反对铺张浪费（节用）等。墨家学派的创始人是墨子，名翟。

《墨子》原有 71 篇，现存 53 篇，一般认为是墨子的弟子及后学记录、整理、编纂而成。

愚公移山

太形和王屋两座山，方圆有七百里，高耸入云，本来是在冀州的南边、黄河的北边。

北山有个愚公，已经快 90 岁了，住的地方正好面对着山。因为山挡道，走出走进都要绕路，他觉得很不方便，就把家人叫到一起商量，说："我们大家竭尽全力铲除这个险阻，让门前的路能通往豫州的南部、直达汉水的南面，好吗?"大伙儿纷纷说好。他妻子提出疑问说："凭你的力量，连魁父这样的小土丘都动不了，还能把太形、王屋山怎么样？再说挖出来的土和石头往哪放?"有人说："把它扔到渤海边上、隐土的北面。"于是愚公带领子孙中三个能挑担的，开始凿石头，挖泥土，用畚箕运送到渤海边上。邻家寡妇有个儿子，在刚换牙的岁数，也蹦蹦跳跳来帮忙。他们只在寒暑交替的时候，一年回去一次。

河曲智叟笑着制止他，说："你也太不聪明了！凭你剩下的那点时间和那点力气，根本不能毁坏山上的一点儿草木，还能把泥土石头怎么样?"北山愚公长长地叹了一口气说:“你可真是想不明白,顽固到开通不了,竟连寡妇膝下的孩子都不如。虽然我是会死去的,但我有儿子啊;儿子又生孙子,孙子还会生儿子;儿子又有儿子,儿子又有孙子:子子孙孙,无穷无尽,但山是不会再增高的,怕什么铲不平呢?”河曲智叟没话说了。

山神听说这件事,害怕他这一直挖下去,到天帝那里告状。天帝被他的志诚所感动,命大力神夸蛾氏的二个儿子背上两座山,一座放到朔东,一座放到雍南。从此,冀州南部、汉水南面再也没有阻隔了。

这个故事记载在《列子·汤问》中,原文是这样的——

太形、王屋二山,方七百里,高万仞;本在冀州之南,河阳之北。

北山愚公者,年且九十,面山而居。惩山北之塞,出入之迂也,聚室而谋,曰:“吾与汝毕力平险,指通豫南,达于汉阴,可乎?”杂然相许。其妻献疑曰:“以君之力,曾不能损魁父之丘,如太形、王屋何?且焉置土石?”杂曰:“投诸渤海之尾,隐土之北。”遂率子孙荷担者三夫,叩石垦壤,箕畚运于渤海之尾。邻人京城氏之孀妻有遗男,始龀,跳往助之。寒暑易节,始一反焉。

河曲智叟笑而止之,曰:“甚矣汝之不惠!以残年余力,曾不能毁山之一毛;其如土石何?”北山愚公长息曰:“汝心之固,固不可彻,曾不若孀妻弱子。虽我之死，有子存焉；子又生孙，孙又生子；子又有子，子又有孙：子子孙孙，无穷匮也，而山不加增，何苦而不平？”河曲智叟亡以应。

操蛇之神闻之，惧其不已也，告之于帝。帝感其诚，命夸蛾氏二子负二山，一厝朔东，一厝雍南。自此，冀之南、汉之阴无陇断焉。

愚公移山的故事为我们塑造了一位勇于挑战“不可能”的老人，在他和大山的搏斗中，力量对比实在是太悬殊了，导致别人认为这是不可能完成的事。可是他却无比坚定，而且这种坚定并非盲目乐观：山不会再增高，而子子孙孙是没有穷尽的，挖一点就少一点，总有一天会把山挖走。故事最后，用天神帮忙搬走两座大山的结局，肯定了愚公的精神。可是，作者为何给他取名为“愚公”，而反对他的人倒叫“智叟”呢？这里的“愚”和“智”是什么意思呢？和大人一起讨论讨论。

国学小贴士

列 子

列子是战国前期道家的代表人物之一，是介于老子与庄子之间、承前启后的重要传承者。他是古帝王列山氏之后，所以后人尊称他为“列子”。名寇，又名御寇，人们也称他列御寇。他和门人弟子以及后学编纂的著述叫《列子》。但学界对列子有无其人，《列子》是否为列子所作一直有争议。

夸父逐日

很久很久以前，有个名叫夸父的人，他觉得自己的力气大得不得了，用也用不完。他看着太阳每天从东方升起，从西方落下，突发奇想：我反正有用不完的力气，何不去追赶那个西落的太阳？说干就干，他真的在山谷里追赶起太阳来。跑啊跑啊，他跑了太多的路，跑得口干舌燥，想喝口水，于是他跑到黄河、渭水边上，低头一阵猛喝，他把黄河和渭水都喝干了，但他还是渴得要命。于是他就想到北面的大湖去喝。走啊走，大湖还没到，他却渴死在半路上。他倒下的时候，手杖甩在地上，他的身体化为肥料滋润着那一片土地，长出一大片桃树林。这个树林非常宽广，有几千里呢。

这个故事出自《列子·汤问》，原文是这样的——

夸父不量力，欲追日影，逐之于隅谷之际。渴欲得饮，赴饮河、渭。河、渭不足，将走北饮大泽。未至，道渴而死。弃其杖，尸膏肉所浸，生邓林。邓林弥广数千里焉。

夸父是中国上古时期神话传说人物之一，又名博父、举父。夸父追日的故事最早是记载在《山海经》里的，那里面说，夸父耳朵上挂着一对黄蛇做的耳环，双手还拿着两条黄蛇。有人说他是人，是炎帝的后代；也有人说他是神。其实，在上古的传说中，本来就是人神不分的。根据古籍上的记载，有些形似猿猴的怪鸟或怪兽也叫夸父。从追日的故事来看，这个夸父似乎更像我们的同类。你看，他有丰富的内心活动：觉得自己力气大，就想去和太阳赛跑；他不为吃也不为喝，就是想挑战一下自己，这可是我们人类特有的精神活动（有人说他追赶太阳是为了盗火，不过在故事中并看不出这个动机）。最后，他虽然牺牲了生命，但死得很悲壮。死后他的身体滋养广袤的土地，这在原先《山海经》的记载中是没有的，可见在故事流传的过程中，人们对夸父的崇敬在与日俱增。这一片用生命滋润的树林，仿佛就是他不死的灵魂，永远生机勃勃。这个故事虽然也有点责怪夸父不自量力的意思，但现在人们更多的是用“夸父逐日”来表示一种不畏艰难的大无畏精神。有一个成语，也是不自量力的意思，但贬义就特别明显，你知道是哪一个吗？比较一下就知道两个成语感情色彩的不同了。

国学小贴士

《列 子》

《列子》又名《冲虚经》，大约编纂于公元前450年至公元前375年，是道家重要典籍。现在我们所能看到的《列子》总共8卷，140章，其中有很多寓言故事、神话故事和历史故事。从内容来看，很可能是后人根据古代资料编著的。

超级大葫芦

惠子告诉庄子："魏王送了我一颗大葫芦的种子，我把它种下去，果然结出了一个大葫芦，里面放得下五石东西。可是，就因为它太大了，用它盛水，重得举不起来。把它剖开当瓢吧，那么大也不知道装什么好。它大是足够大了，可我还是因为它没用而把它劈了。"庄子说："您啊，太不会用大的东西了！宋国有人会做防治手上皮肤皲裂的药，因为有这个药，他家世世代代就从事漂洗丝绸的事。有一外来的客人，听说了这件事，用百金买他的药方。家族的人聚在一起商量说：'我们世世代代干漂洗的事，不过挣几金；现在卖药方一下子能得到百金，就卖给他吧。'客人拿了药方，就去游说吴王。越国向吴国发动战争，吴王让这个人为将，领兵打仗。冬天，和越国人水战，吴国兵士都涂了防止皲裂的药膏，把越人打得落花流水，吴王就分封给他一块土地。能防止手皲裂是一样的，有人因为它而受了册封，有的人却还是免不了漂洗的活，这就是用的地方不一样啊。现在您有五石大的葫芦，为

什么不想它可以做个大酒杯样的船只漂浮于江湖之上，却忧虑它太大了没地儿可放呢？看来您还是不开窍啊！”

这个故事出自《庄子》，原文是这样的——

惠子谓庄子曰：“魏王贻我大瓠之种，我树之成而实五石。以盛水浆，其坚不能自举也。剖之以为瓢，则瓠落无所容。非不呺然大也，吾为其无用而掊之。”庄子曰：“夫子固拙于用大矣！宋人有善为不龟手之药者，世世以洴澼絖为事。客闻之，请买其方百金。聚族而谋之曰：‘我世世为洴澼絖，不过数金；今一朝而鬻技百金，请与之。’客得之，以说吴王。越有难，吴王使之将，冬，与越人水战，大败越人，裂地而封之。能不龟手一也，或以封，或不免于洴澼絖，则所用之异也。今子有五石之瓠，何不虑以为大樽而浮乎江湖，而忧其瓠落无所容？则夫子犹有蓬之心也夫！”

惠子和庄子是好朋友，他们经常争辩各种各样的问题，从中获得思想的快乐。这次，他们讨论的是大葫芦到底有没有用的问题，庄子以不皲手之药为例，告诉他同样的东西、用在不同的地方，效果可能大不一样。同学们不妨试试打开思路，想想身边有什么东西是可以改变通常的用途的?

国学小贴士

庄　子

庄子，名周，战国中期蒙人(关于“蒙”，有人说是现在的安徽蒙城，也有说是河南商丘或山东东明)。庄子大约出生于公元前 369 年，公元前 286 年去世。他是我国先秦(战国)时期伟大的思想家、哲学家和文学家。与道家始祖老子并称为“老庄”。他们的哲学思想体系被思想学术界尊为“老庄哲学”。

庖丁解牛

有个厨师，名丁，人称丁厨师。丁厨师替文惠君宰牛，手的触摸，肩的倚靠，脚的践踏，膝的抵顶，稀里哗啦，加上刀子切割牛皮的声音，全都符合节奏，就像在跳《桑林》这个舞蹈，契合《经首》这首乐曲的韵律。

文惠君说："呀，太棒了！技术怎么能达到这种地步啊？"

丁厨师放下刀回答说："臣下所喜欢的是道，比技术可要更进一步呢。臣刚开始宰牛的时候，看到的就是一头完整的牛，真无从下手啊。三年以后，我看到的就不是完整的牛了，而是能看到它的经脉骨骼。现在，臣下完全靠感觉了，不需要眼睛看。我眼睛什么的都不起作用，全是精神在活动。依照牛天然的结构，从关节的大缝隙处剖开，顺其自然，连小小的筋脉我都不会硬碰，何况大骨头！好厨师一年换一把屠刀，因为他要用刀割肉；一般厨师每月换刀，因为他用力砍。现在臣下的刀已经用了十九年了，宰割过一千多头牛，但刀刃像刚从磨刀石下拿下来一样。牛的骨节之间总是有空的，刀刃又没有多厚；把薄薄的刀刃插入骨节之间，空落落的还有转动刀刃的余地呢，所以十九年了我的刀还是像新的一样。即使这样，每当到了筋骨聚集的地方，我看它难弄，还是特别警惕，眼睛盯得牢牢的，动作慢慢的，一点点动刀子，哗啦一声，牛皮完整地卸下，像一摊土似的落到地上。我提刀站着，因为成功而四处张望，心中特别满意。然后把刀擦拭干净，好好地保存起来。”

文惠君说：“太好了！听丁厨师一番话，我获得了养生的道理。”

这个故事记载在《庄子·养生主》里，原文是这样的——

庖丁为文惠君解牛，手之所触，肩之所倚，足之所履，膝之所踦，砉然向然，奏刀騞然，莫不中音。合于《桑林》之舞，乃中《经首》之会。

文惠君曰：“嘻，善哉！技盖至此乎？”

庖丁释刀对曰：“臣之所好者道也，进乎技矣。始臣之解牛之时，所见无非牛者。三年之后，未尝见全牛也。方今之时，臣以神遇而不以目视，官知止而神欲行。依乎天理，批大郤，导大窾，因其固然，技经肯綮之未尝，而况大軱乎！良庖岁更刀，割也；族庖月更刀，折也。今臣之刀十九年矣，所解数千牛矣，而刀刃若新发于硎。彼节者有间，而刀刃者无厚；以无厚入有间，恢恢乎其于游刃必有余地矣，是以十九年而刀刃若新发于硎。虽然，每至于族，吾见其难为，怵然为戒，视为止，行为迟。动刀甚微，謋然已解，如土委地。提刀而立，为之四顾，为之踌躇满志，善刀而藏之。”

文惠君曰：“善哉！吾闻庖丁之言，得养生焉。”

丁厨师宰牛的本领出神入化。可他也是经过了三个阶段才达到的。请你整理一下：是哪三个阶段？这三个阶段有什么不一样？丁厨师说了自己宰牛的经历，文惠君却说他从中获得了养生的道理，你知道是什么道理吗？和爸妈一起讨论讨论。

国学小贴士

《庄　子》

《庄子》是先秦道家的重要著作，现存 33 篇，分为内篇、外篇和杂篇。唐代天宝初年，唐玄宗诏封庄周为南华真人，称《庄子》为《南华真经》，所以《庄子》也称《南华经》。一般认为，只有《庄子·内篇》是庄子本人所写，“外篇”和“杂篇”都是他的门人弟子所写。据现代学者考证，书分内、外篇，应该是汉代以后才有的情形。早期《庄子》编纂成书以及分内、外篇的体例，是出自淮南王刘安。内、外篇的区别，可能更重要的不在于是否出自庄子本人手笔（因为诸子之书本来就是门下后学记录编纂的），而是先后主次的关系。

河伯和海神

秋天到了，秋雨按时而下，河水暴涨起来，成百上千条溪流的水都灌进了黄河。水流真大呀，不要说遥望对岸，就是看水中的洲岛，连那上面是牛是马都分辨不清呢。于是，黄河的水神河伯大大地高兴起来，觉得普天之下的美景全在自己这儿了。他顺着水流往东而去，到了北海。他脸朝东一看，天哪，连海水的尽头都看不见呢。于是，河伯不再兴高采烈了，他抬头仰望着北海的海神

若,感叹地说:“听人说:‘有的人即便给他讲一百条道理,他还是以为都比不上自己’,这说的就是我啊。还有,我曾经听说,有人竟然认为像孔子这样的人也算不得见多识广,连像伯夷这样道义高尚的人他也敢轻视,本来我不相信,怎么可能有这样的人呢?现在我信了,因为我就是这种见识浅陋还自以为是的人啊!我看到了您那难以穷尽的海水,要不是到了您门前,我真是太危险了,我要一直被那些懂得大道理的人嘲笑了。”

这个故事记载在《庄子·秋水》中,原文是这样的——

秋水时至,百川灌河。泾流之大,两涘渚崖之间,不辩牛马。于是焉河伯欣然自喜,以天下之美为尽在己。顺流而东行,至于北海。东面而视,不见水端。于是焉河伯始旋其面目,望洋向若而叹曰:“野语有之曰:‘闻道百,以为莫己若’者,我之谓也。且夫我尝闻少仲尼之闻而轻伯夷之义者,始吾弗信。今我睹子之难穷也,吾非至于子之门,则殆矣,吾长见笑于大方之家。”

这个故事的主人公是河伯。开始,他对黄河之水的汹涌壮阔感到很自豪,甚至觉得这就是天下最美的景象。可等他看到北海时,他立刻发现原来山外有山,自己的眼界太狭窄了。于是,他很诚恳地向海神若做了一番自我检讨。这个河伯,虽然开始有点骄傲,但后面的表现——

能自我反省，勇于承认错误，是不是很值得我们点赞啊？

读完这个故事，同学们可以做三件事：

一、把这个故事中描写河水和海水的句子画出来，做个比较：

描写河水的句子：______________________

描写海水的句子：______________________

比较下来，我觉得：______________________

二、给爸爸妈妈讲一讲这个故事，注意：要把河伯的表情演示出来哦。

三、写出这个故事中的三个成语：

1. ____________ 2. ____________ 3. ____________

国学小贴士

《庄子·内篇》

《庄子·内篇》包括“逍遥游”“齐物论”“养生主”“人间世”等7篇，一般认为是《庄子》中由庄子本人书写的部分。“内篇”是《庄子》中非常重要的篇章，基本可以代表战国时期庄子思想的核心。庄子把对生命的哲学思考用汪洋恣肆的文笔和生动形象的故事讲述出来，既是我国思想史上的奇珍，也是文学史上的异宝。

井底之蛙

从前，有一只生活在井底的青蛙。有一天，它趴在井沿上，遇见了一只来自东海的大龟。青蛙对大龟说："我真开心啊！想出来，就跳到井栏上玩玩；想进去，就在井壁有缺口的地方歇着。想游泳了，就去水里，水漫在腋下，托着我的下巴；想踩软泥，一脚下去，脚丫子就淹没在软泥里了。回头看看那些小虫啊，蟹啊，蝌蚪啊，没人能比得上我呢！再说，我独占了一个地方的水，独享浅井的快乐，这样也就到头了吧。您难道不想进来看看么？"

大龟听了，想到井里看看，谁知左脚还没跨进去，右脚的膝盖已经被绊住了。于是迟疑一下退了出来，向青蛙

描述东海说："海啊，比千里之地还要大；千尺那么深，也不能抵达海底。当年大禹的时候，十年倒有九年发大水，海水没有因此而多；商汤的时候，八年倒有七年干旱，海岸边也不觉得水在降下去。它不会因为时间长而变化，也不会因为雨水的多少而增加或减少，这也是东海的大快乐啊。"井底之蛙听了，大惊失色，茫然不知说什么好了。

这个故事出自《庄子·秋水》，原文是这样的——

子独不闻夫埳井之蛙乎？谓东海之鳖曰："吾乐与！出跳梁乎井幹之上，入休乎缺甃之崖；赴水则接腋持颐，蹶泥则没足灭跗；还虷、蟹与科斗，莫吾能若也！且夫擅一壑之水，而跨跱埳井之乐，此亦至矣。夫子奚不时来入观乎？"东海之鳖左足未入，而右膝已絷矣，于是逡巡而却，告之海曰："夫千里之远，不足以举其大；千仞之高，不足以极其深。禹之时，十年九潦，而水弗为加益；汤之时八年七旱，而崖不为加损。夫不为顷久推移，不以多少进退者，此亦东海之大乐也。"于是埳井之蛙闻之，适适然惊，规规然自失也。

这只"井底之蛙"，又叫"坎井之蛙"，也写作"埳井之蛙"。我们可不要像它那样目光短浅、自以为是啊。

国学小贴士

《庄子·外篇》

《庄子·外篇》包括“胠箧”“马蹄”“秋水”等共15篇。虽然一般认为“外篇”不是庄子的亲笔，但总体来说，思想还是基本一致的，内容也很精彩。有学者认为，“外篇”是用来阐释“内篇”所说的道理的，所以，“内篇”有总括内容的标题，而“外篇”只是以文章开头的两个字为题，比如“秋水”篇的“秋水”，就是文章开头“秋水时至”的第一、二个字。

蒙鸠的悲剧

南方有一种鸟，名叫蒙鸠，它用羽毛搭成鸟窝，把茅草芦苇的绒毛编成线，把鸟窝系在嫩芦苇的花穗上，风一吹，芦苇折断了，鸟窝掉到地上，蛋摔破了，小鸟死了。并不是蒙鸠编的鸟巢不完美，而是因为它系的地方不牢靠。西方有一种植物，名叫射干，茎叶的长度只有四寸，但它生长在高山之上，面对着百丈深渊，并不是这植物的茎叶有多长，而是因为它所在的地方高，它就能高出百丈了。蓬草生长在大麻丛中，不用去扶，天然就会笔直，因为大麻是长得笔直的；白沙放在黑沙中，就和它一样黑了。兰槐的根叫作芷，本来是很香的，但如果浸泡在臭水中，君子不会靠近，平民百姓也不会佩戴。并不是芷的材质不美，而是它浸泡的地方让它变了质。所以品德高尚的人一定会挑选好的地方住，交游也一定挑品行好的人，用以防止歪门邪道，接近端方正直。

这个故事记载在《荀子・劝学》中，原文是这样

的——

> 南方有鸟焉，名曰蒙鸠，以羽为巢，而编之以发，系之苇苕，风至苕折，卵破子死。巢非不完也，所系者然也。西方有木焉，名曰射干，茎长四寸，生于高山之上，而临百仞之渊，木茎非能长也，所立者然也。蓬生麻中，不扶而直；白沙在涅，与之俱黑。兰槐之根是为芷，其渐之滫，君子不近，庶人不服。其质非不美也，所渐者然也。故君子居必择乡，游必就士，所以防邪辟而近中正也。

蒙鸠又叫鷦鷯，是一种体型较小的鸟类。会用羽毛和植物的绒毛编织精巧的小鸟巢，所以人们也称它为“巧妇鸟”。但是，它的鸟窝是系在蓬麻等植物上的，弄不好就会掉下来，把鸟蛋摔破了。荀子利用这个自然现象，告诉我们一个道理：环境对人是非常重要的。在讲述了蒙鸠的悲剧后，他又列举了射干（一种草本植物）、蓬草、白沙、芷（一种香草）等一连串的例子，从正反两方面说明环境的重要，论证“君子居必择乡，游必就士”的重要和必要。这是说服别人的一种很好的办法，就是通常说的“摆事实，讲道理”。摆出来的事实让人信服，别人自然也就接受了你讲的道理。

在你的生活中，一定也有类似的例子，你可以说出一两个吗？或者，你用一两个事例，来说明一个你想说的道理。

国学小贴士

荀　子

荀子，名况，战国末期赵国人，人们尊称为“荀卿”。两汉时，因为汉宣帝名字叫刘询。“询”和“荀”同音，要避讳（就是要回避高地位的人的姓名，不能说，也不能写），所以改称“孙卿”。荀子是中国古代的思想家、教育家、哲学家，儒家学派的代表人物之一，先秦时代百家争鸣的集大成者，著作有《荀子》。很多大、中、小学的教材选用过其中的《劝学》（片段）。

任公子钓大鱼

周代有个诸侯国，叫任国。任国的公子传说中是个钓鱼高手，人称任公子，也叫任公，或任父。有一次，他准备了巨大的鱼钩和粗大的黑绳，用五十头牛的肉做成鱼饵。他安安稳稳地坐在会稽山上，把鱼竿投进东海，天天在那里钓鱼。整整钓了一年，没能钓到鱼。终于有一天，大鱼来咬钩了。这鱼力大无穷，牵着巨大的鱼钩没入水中，又昂首冲出水面，鱼鳍奋张，掀起雪白雪白的波涛，像一座座山峰一样，海水震荡，发出鬼神般的声音，响彻千里，令人胆战心惊。任公子钓到这条鱼，把它剖开，做成鱼干。从浙江往东直到苍梧（今广西壮族自治区苍梧县）以北的百姓，都饱饱地吃上了这条大鱼的鱼肉。

后世那些见识浅薄又喜欢道听途说的人，听说这件事都非常吃惊，奔走相告。要知道拿着细细的鱼竿，到那些小沟小渠，守着些小鱼小虾，想要钓到大鱼，这怎么可能呢？这和有人修饰一些浅薄的话来求得好名声，距离大通达很远很远是一样的道理。所以说，不了解像任公子这样的大格局，想要管理政事，也是差得很远的。

这个故事记载在《庄子·外物》里，原文是这样的——

任公子为大钩巨缁，五十犗以为饵，蹲乎会稽，投竿东海，旦旦而钓，期年不得鱼。已而大鱼食之，牵巨钩没而下，骛扬而奋鬐，白波若山，海水震荡，声侔鬼神，惮赫千里。任公子得若鱼，离而腊之，自制河以东，苍梧以北，莫不厌若鱼者。

已而后世辁才讽说之徒，皆惊而相告也。夫揭竿累，趣灌渎，守鲵鲋，其于得大鱼难矣；饰小说以干县令，其于大达亦远矣。是以未尝闻任氏之风俗，其不可与经于世亦远矣。

这个故事中特别引人注目的是大鱼咬钩以后的描写，作者写大鱼一会儿没入水中，一会儿又跃出水面，人们看到雪白的波涛像山一样涌起，听到鬼神般的恐怖声响，既写出了大鱼咬钩后的狂怒的挣扎，也写出了人们在视听感觉上受到的冲击。可以把原文中的这几句找出来，读读背背，想象一下那个场面，是不是超级震撼?

故事告诉我们：要做成大事，和想钓到大鱼是一样的，需要很多条件。对照故事的前后两部分，试着把这些条件找出来。至少要找出三条哦。

国学小贴士

《庄子·杂篇》

《庄子·杂篇》包括“庚桑楚”“徐无鬼”“盗跖”“说剑”“渔夫”等11篇，里面有很多富有韵味的故事，比如“徐无鬼”中的“运斤成风”；还有很多精彩的描写，比如“盗跖”中孔子被盗跖一顿怒斥后“执辔三失，目芒然无见，色若死灰，据轼低头，不能出气”的沮丧之情等。

卞和献玉

相传春秋时，楚国有个名叫“卞和”的人，大家都称他为和氏，这和氏在楚山中看到一块石头，凭经验，他知道这块石头里面一定藏着一块好玉，古代把这种含有玉的石头叫作“璞”。他就捧着这块璞，去献给厉王。厉王的宫廷里有专门雕琢玉石的人，厉王让他们看，那些玉石匠看了半天，说：“这就是一块普通石头嘛。”厉王觉得这个和氏是在欺骗自己，就下令砍掉了他的左脚。等到厉王死了，武王即位，和氏又捧着他的璞去献给武王，武王也让玉石匠看，玉石匠又说：“这不就是一块普通石头嘛。”武王也认为和氏在骗人，就下令把他的右脚也砍了。武王死了之后，文王做了国君，和氏就抱着那块含有玉的石头在楚山下哭，一直哭了三日三夜，眼泪都流完了，再流出来的都是血。文王听说这件事，派人去问他，说：“天底下受刑罚被砍掉脚的人多了，你为什么哭得这么悲伤啊？”和氏回答说：“我并不是因为受了砍脚的刑罚而悲哀，我伤心的是：明明是宝玉，却被说成是普通石头；明明是忠贞的人，却被说成是说谎的人，我悲伤的是这个啊。”文王就让玉石匠仔细地剖开这块石头，果然里面蕴藏着一块好玉。古代把中间有孔的圆形的玉叫作“璧”，这块璧是和氏找到的，于是就命名为“和氏之璧”。

这个和氏璧的故事记载在《韩非子》的“和氏”里，原文是这样的——

> 楚人和氏得玉璞楚山中，奉而献之厉王，厉王使玉人相之，玉人曰：“石也。”王以和为诳，而刖其左足。及厉王薨，武王即位，和又奉其璞而献之武王，武王使玉人相之，又曰：“石也。”王又以为和诳，而刖其右足。武王薨，文王即位，和乃抱其璞而哭于楚山之下，三日三夜，泣尽而继之以血。王闻之，使人问其故，曰：“天下之刖者多矣，子奚哭之悲也？”和曰：“吾非悲刖也，悲乎宝玉而题之以石，贞士而名之以诳，此吾之所以悲也。”王乃使玉人理其璞而得宝焉，遂命曰：和氏之璧。

同学们可能知道“完璧归赵”的成语，听说过蔺相如面对秦王慷慨陈词，夺回赵国的宝贝和氏璧的故事。但很多人不知道的是：这块和氏璧的来历竟如此不简单，当年发现它的人可是吃够了苦头。读完想一想：作者为什么要写这个故事？注意和氏与文王的对话，你应该就可以明白啦。

国学小贴士

韩 非

韩非，是韩国国君的儿子。生于周赧王三十五年(约前 281)，卒于秦王政十四年(前 233)。他师从荀子，成为战国末期法家集大成者、中国古代法家思想的代表人物之一，后世尊称他为“韩子”或“韩非子”。

郢书燕说

战国时期，郢是楚国的国都，那地方有个人，要给燕国的相国（辅佐国君的大官）写信。因为是夜里，就点上蜡烛，让人举着照亮。写着写着，觉得蜡烛的光照不够，看不清楚，他就对拿蜡烛的人说："把蜡烛举高些。"嘴上说着，手就下意识地在信纸上写了"举烛"二字。"举烛"并不是他想要写的话。

让人没想到的是，燕国的相国收到信后非常高兴，说："举烛，就是要推崇光明；推崇光明，就是要推举贤良的人出来做官。"他把这个意思告诉国君，国君也非常高兴，决定照此办理。就这样，燕国因为举荐贤良的人做官而把国家治理得非常好。

不过，好虽然是好，但这并不是写信人的意思。现在做学问的人大多也就是这个样子。

这个故事在《韩非子》里，原文是这样的——

郢人有遗相国书者，夜书，火不明，因谓持烛者曰："举烛。"而误书"举烛"。"举烛"，非书意也。燕相受书而说之，曰："举烛者，尚明也；尚明也者，举贤而任之。"燕相白王，王大说，国以治。治则治矣，非书意也。今世举学者多似此类。

古人通信不便，书写条件又比较差，你看，这就闹出误会来了。幸好，这场误会的结果还是好的。后人就用"郢书燕说"，来表示会错了意。意思差不多的成语还有"三豕渡河"。说是孔子的学生子夏要到晋国去，经过卫国，听见有人在读史书，说："晋国军队三豕（三头猪）渡过了黄河。"子夏一听就说："不对，应该是'己亥'。'己'和'三'字形相近；'豕'和'亥'字形相近。"到了晋国一问，果然是晋国的军队在己亥那天渡过了黄河。应该是因为字形相近，在传抄的过程中，就把"己亥"错成"三豕"了。看来，这种以讹传讹的事还真不少呢。所以，不论是读书或者是其他事情，我们都要审慎才是。尤其是有疑问的时候，千万不要轻易放过。做翻译工作的人喜欢讲一句话，叫"岂有此理必有误"，意思就是如果翻译出来的句子情理不通，那一定是什么地方理解错了。其实，其他事情也是如此。三只猪渡河怎么说得通呢？所以子夏立马发现了问题。

韩非讲这个故事的用意，是批评做学问的人经常穿凿附会，所以有最后的一句话。

国学小贴士

《韩非子》

《韩非子》是韩非的著述集，是他逝世后，后人辑集而成的，为“子”部的重要文献。这部书现存55篇，重点宣扬韩非法、术、势相结合的法治理论，达到了先秦法家理论的最高峰，为秦统一六国提供了理论武器，同时，也为以后的封建专制制度提供了理论根据。《韩非子》中有不少故事和寓言，通俗易懂又意味深长。

尧和舜谁是圣人?

山东历城县南部，有一座历山。那里的农夫抢夺土地，舜就到那里去耕种，到了第二年，土地田界都划分得清清楚楚，再也没人争抢了。山西永济县南部有座雷首山，山下有个雷泽，是个捕鱼的好地方。那里的渔民也相互争抢，想为自己找个好的站脚处。舜就到那儿去捕鱼，第二年，渔民们再也不争抢地方了，还能主动把好地方让给年长的人呢。山东定陶那个地方人是专门做陶器的，可是做出来的陶器总是不够牢固，他们为此很苦恼。舜就到那儿去做陶器，第二年，那里生产的陶器都很坚固了。孔子知道了这些事，感慨地说："耕地、捕鱼、做陶器，那都不是舜官职范围内需要他管的事，而他却亲自去解决问题，补救缺陷。舜实在是太仁慈了！他亲自参加艰苦的劳作。感化了老百姓，他们都跟随他，所以说，这就是圣人的道德教化。"

有人却认为不是这样的，他问儒家学者说："舜在解决这些问题的时候，尧在哪里呢?"儒生回答说："尧在当天子啊。”那人说：“尧在当天子啊，那孔子为什么要把尧奉为圣人呢？圣人如果明察的话，处在天子的位置上，就要让整个天下没有做坏事的人。如果他做到了，农夫和渔民都不争抢，陶器也不坏，舜又怎么来进行道德教化呢？舜在纠正不好的事情，那就说明尧是有过失的。如果舜是贤良的，那么尧就是不够明察的；如果尧是圣人，那么就没有舜的道德教化，两件事不可能同时存在。”

这个故事源自《韩非子》，原文是这样的——

> 历山之农者侵畔，舜往耕焉，期年甽亩正。河滨之渔者争坻，舜往渔焉，期年而让长。东夷之陶者器苦窳，舜往陶焉，期年而器牢。仲尼叹曰：“耕、渔与陶，非舜官也，而舜往为之者，所以救败也。舜其信仁乎！乃躬藉处苦而民从之。故曰：圣人之德化乎。”或问儒者曰：“方此时也？尧安在？”其人曰：“尧为天子。”“然则仲尼之圣尧奈何！圣人明察，在上位，将使天下无奸也。今耕渔不争，陶器不窳，舜又何德而化？舜之救败也，则是尧有失也。贤舜则去尧之明察，圣尧则去舜之德化，不可两得也。”

读懂这个故事可是要动脑筋的哦。故事的前半部分不难懂，就是舜通过亲力亲为，解决了很多实际问题。后半部分就要认真思考了。当大家都把尧舜奉为圣人的时候，韩非却用这个故事大胆提出质疑：尧和舜两个人中间只能有一个人是圣人。你能说说他的理由是什么吗？你觉得他说得有道理吗？这个故事可以用一个成语来概括，你知道吗？

国学小贴士

尧 舜

尧和舜都是传说中上古的贤明君主、圣人。尧因为分封在唐这个地方，所以又称“唐尧”。舜的号叫有虞氏，所以也叫“虞舜”。尧先当了天子，后来他把天子之位禅让给了舜。后人时常“尧舜”并称，表示“明君”的意思。比如杜甫的“致君尧舜上，再使风俗淳”。

自相矛盾

从前，在楚国有个卖兵器的人。他呀，既卖长矛，也卖盾牌。有一天，他打开店门做生意，拿着盾牌说："快来买呀，我的盾牌可坚固啦，再锋利的东西也刺不穿啊！"吆喝了半天，看没人来买盾牌，他又拿起长矛嚷开了："快来买，快来买啊，我的长矛可锋利啦，再坚固的东西一戳就穿！"有一位客人，在边上看了好一会儿了，笑嘻嘻地说：

“您说您的长矛啥都能刺穿，又说您的盾牌啥都刺不穿。那么，如果用您的长矛去刺您的盾牌，结果会怎么样呢？”大伙儿一听，都笑起来了。这位店主却无话可说。大家笑着，摇头离开了。

想想也是啊，这个世界上，怎么可能同时存在什么都能刺穿的长矛和什么都无法刺穿的盾牌呢？

这个寓言故事出自《韩非子·难一》，原文是这样的——

> 楚人有鬻盾与矛者，誉之曰：“吾盾之坚，物莫能陷也。”又誉其矛曰：“吾矛之利，于物莫不陷也。”或曰：“以子之矛陷子之盾，何如？”其人弗能应也。众皆笑之。夫不可陷之盾与无不陷之矛，不可同世而立。

亲爱的同学，你有没有发现：有时候，单独一句话好像没有问题，比如说：“我的长矛无坚不摧”，或者说：“我的盾牌牢不可破”，但两句话放在一起的时候，问题就来了：只要两句话中有一句是对的，另一句话就不能成立了。因为是韩非的这个卖矛卖盾的故事把这个问题揭示出来了，所以这种情况就叫作____________（请把成语填写在横线上）。我们说话也好，做事也好，都要避免出现这种情况哦。

《韩非子》中还有很多成语，比如守株待兔、负薪救火，请你和爸爸妈妈一起想想，还能说出几个？

国学小贴士

名 家

韩非关于“自相矛盾”的论说，关系到思维的逻辑。在中国古代，还有以进行逻辑思辨而著名的学派，称为名家。名家是诸子百家之一，又称“刑名家”。名家从“名”和“实”关系入手，在中国开创了逻辑思想的探究。著名人物有邓析、公孙龙等人。代表著作有《公孙龙子》等。《公孙龙子》原有14篇，后来多数散失。

共工撞山

那是很久很久以前了，华夏有个叫共工氏的部落。共工氏的首领，就叫共工。他是火神祝融的儿子，长着人的面孔，蛇的身体，头发是红色的，性情十分暴躁。他和另一个叫颛顼的人，争抢着都想当天帝。

颛顼是黄帝的曾孙，正在替黄帝执掌神权。共工和

他打斗，一直打到西北方向的不周山脚下，还是分不出胜负。那不周山山势高峻，一直抵到天上。共工怒火中烧，一头撞在不周山上，硬生生把不周山给拦腰撞断了！那不周山可是撑住天和地的擎天柱啊，被他这一撞，柱子就倒了。

天柱断了一根，天和地就不能四平八稳了。天朝西北方向倾斜，所以，太阳、月亮，还有星星，每天都会朝西边滑落下去。地也不平啦，在东南方塌陷下去，所以，江湖河海的水什么的，都不由自主地朝东方流去。

这个故事记载在《淮南子·天文训》里，原文是这样的——

昔者，共工与颛顼争为帝，怒而触不周之山，天柱折，地维绝。天倾西北，故日月星辰移焉；地不满东南，故水潦尘埃归焉。

我们大家都知道，地球是圆的。所谓的天空，是指地球大气层的空间和地球大气层以外的空间，那里有太阳、月亮等好多星球，我们看得见天空，可是却摸不着它。可是古代人却不这么想。那时人们对自然的认识还很原始，以为天空就是大屋顶似的一个实体的平面，它之所以没有掉下来，是因为有一座座高山顶着，所以他们把山叫作“天柱”。古人也发现，太阳和月亮都是从东方升起，从西方落下的；发现长江滚滚是向东流的，这又是什么原因呢？于是一个有趣的神话故事产生了。同学们，用这样的方式来解释日落水流的道理，是不是很有趣呢？共工的暴躁性格和他的神力，是不是写得很生动呢？

国学小贴士

《淮南子》

《淮南子》，又名《淮南鸿烈》《刘安子》，是西汉皇族刘安及其门客收集史料集体编写而成的一部著作。刘安的父亲刘长是汉高祖的庶子，封为淮南王，刘安子承父爵，也做了淮南王。《淮南子》的内容以道家思想为主，同时融会贯通，糅合了儒、法、墨、阴阳等家。《淮南子》在阐明哲理时，还记载了一些涉奇物异类、鬼神灵怪，保存了一部分神话材料。

女娲补天

很久很久以前，支撑天的四根柱子坏了，九州大地四分五裂，天不能好好地覆盖大地，地也不能好好地承载万物。野火熊熊燃烧一直不灭，洪水浩浩荡荡不能止息。善良的百姓被凶猛的野兽吃掉，老人小孩则被凶狠的恶鸟抓走。于是，女娲决定烧炼五颜六色的石头，用来补上苍天的窟窿。她把海里大乌龟的脚斩下来，竖立在天边的四角，用来支撑天空。她杀死黑龙来救济冀州，把芦苇烧成灰，用积起来的灰烬止住过多的水。苍天被修补好了，四根天柱端正了，洪水干涸了，冀州太平了，恶禽猛兽都死了，百姓得以安宁地生活了。

这个故事记载在《淮南子·览冥训》中，原文是这样的——

往古之时，四极废，九州裂，天不兼覆，地不周载。火爁焱而不灭，水浩洋而不息。猛兽食颛民，鸷鸟攫老弱。于是女娲炼五色石以补苍天，断鳌足以立四极，杀黑龙以济冀州，积芦灰以止淫水。苍天补，四极正，淫水涸，冀州平，狡虫死，颛民生。

要读懂这个神话，首先要知道古人是怎么看待天地的。古人认为，“天”和“地”是两个实体的平面，四面有四根天柱支撑。共工撞坏了不周山之后，天柱就受损了，倾斜了，“天”和“地”这两个平面就不再平行，而变得一头高、一头低了。天向西边倾斜，地向东面倾斜，所以太阳从东边升起，西边落下；而江河湖海的水永远是向东流的。很明显，古人是想要解释自然现象，而用了想象的方法。这个故事也是如此。或许上古有过非常非常严重的自然灾害（我们可以闭上眼睛，根据文字想象一下），后来人类闯过来了，恢复了正常的生活。人们就想象是女娲这位英雄拯救了人类。

女娲补天的故事流传很广，影响很大，有一位诗人写过“女娲炼石补天处，石破天惊逗秋雨”的诗句，你知道是哪位吗？有一部小说是用女娲补天的神话开头的，你知道是哪一部吗？

国学小贴士

女　娲

女娲是中国神话中一个非常重要的人物。不仅《淮南子》中有记载，《列子·汤问》《楚辞·天问》《论衡·谈天篇》等著作中都有记载。传说中的女娲人首蛇身，为人类做了很多事情。比如人就是她造出来的。开始她用黄泥造人，一个一个捏，后来捏累了，就用一根绳子，粘上黄泥甩，甩出来的一个个泥团就是一个个人，就是比捏出来的粗糙点。这就是所谓的“抟土造人”。除了上面说的补天，传说中女娲还曾经“射十日”，就是射落天上多余的太阳，让我们冷暖合宜。不过这个功劳后来大多归到了后羿身上，“后羿射日”的故事流传更广。

后羿射日

很久很久以前，在尧的时候，有十个太阳一起出来。庄稼都被晒得枯焦了，草木也都被晒死了。没了收成，老百姓就没有吃的了。当时，还有猰貐，一种丑恶可怕、会吃人的野兽；凿齿，一种牙齿特别长（据说有三尺长呢）的野兽；九婴，传说有九个脑袋的水火之怪；大风，一种凶猛的大鸟，飞过就会旋起一阵狂风；封豨，就是大野猪；修蛇，特别长的大蟒蛇，连整头大象都能吞下去，都是为害百姓的。后羿接受尧的指令，在南部畴华这个水域杀死了凿齿，在北部凶水这个地方杀死了九婴，在东方青邱的水里射杀了大风。他还对上射杀十个太阳，对下杀了猰貐，在南部洞庭湖斩断了修蛇，在桑林活捉了封豨。百姓高兴极了，奉尧当了天子。

这个故事记载在《淮南子·本经训》中，原文是这样的——

逮至尧之时，十日并出。焦禾稼，杀草木，而民无所食。猰貐、凿齿、九婴、大风、封豨、修蛇皆为民害。尧乃使羿诛凿齿于畴华之野，杀九婴于凶水之上，缴大风于青邱之泽，上射十日，而下杀猰貐，断修蛇于洞庭，擒封豨于桑林。万民皆喜，置尧以为天子。

后羿是神话传说中射下九个太阳，为民造福的英雄。他名叫“羿”，是夏朝东夷有穷氏的首领，这个部落的特点就是善射，“后”是夏代君主尊号。在这个故事中，他还是尧的臣子，接受尧的指令为民除害，并因此而让尧登上了天子之位。“后羿射日”在屈原的《楚辞·天问》中就有提及，可见是很早就在流传的故事。这个故事还有个有趣的尾巴：后羿射下的九个太阳是天帝俊的儿子。据《山海经》记载，帝俊曾经赐给后羿红色的弓和带有白色羽毛的箭，让他到人间去扶助百姓，而现在他却射杀了帝俊的九个儿子。帝俊当然对后羿很不满意。为了躲避报复，后羿向西王母讨要不死之药，谁知这药被嫦娥偷吃了，她就飘飘摇摇地奔了月啦。

这个故事中提到了六种怪兽，和爸爸妈妈讨论讨论：哪些可能是真有的，哪些可能是加上了夸张想象的。

国学小贴士

民本思想

民本，就是“以民为本”，也就是把百姓的利益放在治国的首位,这是中国古代一种重要的统治观,后来成为儒家学派的重要组成部分,比如孔子的"为政以德"、孟子的"民为贵,社稷次之,君为轻"和荀子的"君舟民水"。相对于"以君为本"、"以国为本"或"以官为本","以民为本"应该是对百姓更有利的。上面这个短短100多字故事,"民"出现了三次:"民无所食""皆为民害""万民皆喜",这就是古代民本思想的表现。

名字的故事

白居易年轻时，到京城去参加科举考试。那时，读书人都会找一些有威望的人，让他先看看自己的作品，评价一下。白居易也这么做了。他去拜谒的官员叫顾况，当时顾况担任的官叫著作佐郎，在文字方面很有权威。白居易呈送给顾况的作品中，就有大家熟悉的那首《草》，它的完整的题目是《赋得古原草送别》。顾况拿到白居易的作品，首先瞥见的是这个很有特点的名字——“居易”。顾况生性喜欢开玩笑，又有点没把这个年轻人放在眼里，就盯着他看了一会儿，说：“长安物价很高，要在这里‘居’住，可是不大容‘易’啊。”说完，他翻开

手卷,读起作品来。第一篇就是那首《草》,读到“离离原上草，一岁一枯荣，野火烧不尽，春风吹又生”这样的诗句时,顾况被折服了,由衷赞叹说:“你能写出这么好的诗,要在长安‘居’住,也没什么不容‘易’的了!”之后,顾况到处向人推荐介绍白居易,白居易因此在京城获得了响当当的名声。

这个故事流传很广,原文在唐代张固的《幽闲鼓吹》里——

> 白尚书应举，初至京，以诗谒著作顾况，顾睹姓名，熟视白公，曰:“米价方贵，居亦弗易。”乃披卷，首篇曰:“咸阳原上草，一岁一枯荣，野火烧不尽，春风吹又生。”即嗟赏曰:“道得个语，居即易矣。”因为之延誉,声名大振。

宋人尤袤的《全唐诗话》卷二也记载了这件事，只是“米价方贵，居亦弗易”,换成了“长安米贵,居大不易”——现在人们提及这件事,大多用的是后一种说法。而其中的“咸阳原上草”,现在也都作“离离原上草”了。

同学们都知道唐代有个大文豪,叫白居易。有的同学已经读过他的诗了,还会背呢。尤其是他的那首《草》,还收录在语文课本里了。不知道同学们在朗读背诵这首诗的时候,是不是知道那里面还有个关于他名字的有趣的故事呢? 亲爱的同学,关于你的名字,是不是也有什么故事呢？写出来，让大家看看。

国学小贴士

《幽闲鼓吹》

《幽闲鼓吹》为唐代文人张固所作，1卷，25篇。主要内容是作者采录的中晚唐的朝野遗闻。《四库全书》收于子部小说家类。

“推敲”的故事

唐朝的时候，有个读书人叫贾岛，他特别喜欢写诗，常常连走路都在思考。有一天，他骑着驴子赶路，坐在驴背上又想起写诗来了。突然，两句好诗从脑海中跳出来：“鸟宿池边树，僧敲月下门。”开始，他想的是“僧‘推’月下门”，后来想想，又觉着“僧‘敲’月下门”似乎更好些，想来想去，一时不能决定。于是就在驴背上，一会儿用手做出“推”的样子，一会儿又做出“敲”的手势。不知不觉，都走出好远了。路上的人都把奇怪的眼光投到他身上，而贾岛却像什么都没看见似的。

当时，韩愈正在吏部做着大官，清正威严，朝野

上下都敬畏他。韩愈出门，前面有仪仗，两个一对、两个一对替他喝道——就是喝令路上的行人往两边躲，让出大路给官员走。第一对仪仗过去，贾岛自顾自还在打着“推”和“敲”的手势，没看到。第二、第三对仪仗过去了，他还是没听到，没看到。官府的人生气了，把他拉下驴背，推拥着送到韩愈跟前。贾岛这才醒悟过来。问他为什么目无长官，贾岛说：“我偶然想到两句诗，其中有一个字，想来想去没想好，我神魂都在诗府游荡，导致冲撞了您，并不是故意轻慢您，请您明察。”韩愈是大文豪，对写诗也有兴趣，他停下马想了很久，对贾岛说：“还是用‘敲’字更好。”

这个“推敲”的故事记载在后蜀何光远的《鉴诫录》里，原文是这样的——

> （贾岛）忽一日于驴上吟得：“鸟宿池边树，僧敲月下门。”初欲著“推”字，或欲著“敲”字，炼之未定，遂于驴上作“推”字手势，又作“敲”字手势。不觉行半坊。观者讶之，岛似不见。时韩吏部愈权京尹，意气清严，威振紫陌。经第三对呵唱，岛但手势未已。俄为官者推下驴，拥至尹前，岛方觉悟。顾问欲责之。岛具对：“偶得一联，吟安一字未定，神游诗府，致冲大官，非敢取尤，希垂至鉴。”韩立马良久思之，谓岛曰：“作‘敲’字佳矣。”

同学们可能常听老师讲："写作文啊，遣词造句要好好推敲推敲。"大家都懂，这是要我们反复思考，仔细想想，选用什么样的字词最合适，句子怎么说才最好。可是，同学们是否知道"推敲"这个词是有来历的？它背后的这个故事是不是很有意思？这个故事传开后，人们就把写文章时对字句的反复思考叫作"推敲"了。后人分析说，为什么韩愈觉得用"敲"字好呢？因为深夜忽然出现敲门声，可以以动衬静。也有人认为，还是"推"字好。如果敲门，必然要有人应门，说明寺庙中不是和尚一个人住。如果用"推"，显示僧人独住，出去时将门虚掩，回来推开即是，岂不更显孤单静寂？你觉得呢？开个家庭会议，看看"推"和"敲"哪个字得票多。

国学小贴士

《鉴诫录》

《鉴诫录》是一本笔记小说集。作者为五代时的何光远，字辉夫。东海(今属江苏)人。全书10卷，66则，每则都有三个字的标题。内容多记唐和五代间的事，而以蜀事为多。《四库全书》收入子部小说家类。

集　部

屈原和渔父

屈原因为坚持自己的政治主张，被革除官职，赶出了都城。他来到江潭，在湖畔行走吟诗，脸色很憔悴，看上去干瘦干瘦的。一个渔父见了，问道："您不是三闾大夫吗？怎么到了这步田地！"

屈原说："满眼都是污浊的人，只有我一人清高；大家都喝醉了，只有我一人清醒，所以就被流放了！"

渔父劝说道："圣人不会固守某个东西，而能随着世道的变化而改变自己。既然满眼都是污浊的人，您为什么不也挖点污泥泼点污水？既然大家都醉了，您为什么不也喝两口，吃点酒糟？为什么想那么多，表现得那么清高，结果让自己被流放？"

屈原说："我听说，刚洗了头的人，一定会把帽子掸干净了才戴上；刚洗完澡的人，一定会把衣服抖干净了才穿上。怎么能用干净的身子，去碰不洁净的东西呢！我宁可跳进湘水，葬身在江鱼的肚子里。我不能让我高洁的灵魂，蒙受世俗的尘埃！"

渔父微微一笑，摇着桨走了，一边唱着："沧浪之水清啊，可以洗帽缨；沧浪之水脏啊，可以洗我脚。"

渔父就这样走了，再没和他说什么。

这个故事收录在汉代刘向编辑的《楚辞》中，题目是《渔父》。原文是这样的——

屈原既放，游於江潭，行吟泽畔，颜色憔悴，形容枯槁。渔父见而问之曰："子非三闾大夫与？何故至於斯！"

屈原曰："举世皆浊我独清，众人皆醉我独醒，是以见放！"

渔父曰："圣人不凝滞於物，而能与世推移。世人皆浊，何不淈其泥而扬其波？众人皆醉，何不餔其糟而歠其釃？何故深思高举，自令放为？"

屈原曰："吾闻之，新沐者必弹冠，新浴者必振衣；安能以身之察察，受物之汶汶者乎！宁赴湘流，葬於江鱼之腹中。安能以皓皓之白，而蒙世俗之尘埃乎！"

渔父莞尔而笑，鼓枻而去，乃歌曰："沧浪之水清兮，可以濯吾缨。沧浪之水浊兮，可以濯吾足。"

遂去不复与言。

这个故事有点悲凉，是吗？有时候，坚持原则还真不容易。不过，也正因为如此，屈原才显得更伟大，对吗？这个故事据说是屈原自己写的，借以表示自己的刚正不阿。

国学小贴士

楚辞

楚辞可以指三个东西：其一，指战国时期屈原所创造的一种诗体，因为屈原是楚国人，所以称"楚辞"，也作"楚词"。其二，指屈原等人用这种体裁所创作的一批作品，这些作品"书楚语，作楚声，记楚地，名楚物"，有浓郁的地方特色，被称为"楚辞"。其三，指汉代刘向选编的一部名为《楚辞》的诗集，集中录入了屈原、宋玉等人所创作的作品。

五柳先生

有一位先生，不清楚他是什么地方的人，也不知道他姓甚名谁，因为住宅边上有五棵柳树，于是就把“五柳”作为号。

先生为人恬静安详，不多说话，不爱慕虚荣，也不贪

钱财。他喜欢读书,不一定面面俱到、把每字每句都理解得很深,每当对书中的内容有所领会的时候,便高兴得饭也忘了吃。

他特别喜欢喝酒,可家里穷,不能常常有酒喝。亲戚朋友知道他有这爱好,有时就备下酒席请他。他来的话,一定喝到尽兴,指望能喝个大醉。喝醉后说走就走,从不在意告辞之类的礼节。

他家四面的墙壁都是破败的,既挡不住风,也遮不住太阳。他穿的是短麻衣,破破烂烂的,打了好些补丁。盛饭的篮子和饮水的瓢常常是空的,可他还是那么自在逍遥。常常写些文章让自己开心,表达自己的志趣。他不把得失挂在心上,就这样度过一生。

战国时期有位黔娄先生,是齐国有名的隐士和著名的道家学,他不愿当官,屡次辞去诸侯的聘请。他死后,曾子前去吊丧,黔娄的妻子说他:“不因为贫贱而忧伤,不一心急于追求富贵。”这话说的大概就是像五柳先生这样的人吧?喝点酒,写写诗,为坚守自己的志向而感到快乐,这是上古无怀氏的臣民?还是上古葛天氏的臣民啊?

文章收录在《四库全书》的《陶渊明集》中。原文是这样的——

先生不知何许人也,亦不详其姓字,宅边有五柳树,因以为号焉。闲静少言,不慕荣利。好读书,不求甚解;每有会意,便欣然忘食。性嗜酒,家贫不能常得。亲旧知其如此,或置酒而招之;造饮辄尽,期在必醉。既醉而退,曾不吝情去留。环堵萧然,不蔽风日;短褐穿结,箪瓢屡空,晏如也。常著文章自娱,颇示己志。忘怀得失,以此自终。

赞曰:黔娄之妻有言:"不戚戚于贫贱,不汲汲于富贵。"其言兹若人之俦乎?衔觞赋诗,以乐其志,无怀氏之民欤?葛天氏之民欤?

这一位五柳先生,可以说是陶渊明的自画像。陶渊明"不为五斗米折腰",毅然辞官归隐,亲力亲为当一个农民,在历史上传为佳话。这篇文章把一位清高脱俗、超然物外的文士形象写得非常生动。你可以和爸爸妈妈讨论讨论:"不求甚解"地读书好不好呢?

国学小贴士

集

《四库全书》的"集"部,收入了很多文人的诗词和文章。把很多人的诗文编在一个集子里,叫作"总集"。把一个人的诗文汇编起来,叫作"别集"。《陶渊明集》就是"别集"中的一部。此外,大家熟悉的王维、孟浩然、李白、杜甫等人的集子,也都收录在《四库全书》"集"部的"别集"里。

美丽的桃花源

晋代太元年间，武陵有个渔夫，沿着溪水划船前行，也不知走了多远。忽然遇见一片桃林，溪水两岸几百步远的地方，全是桃树，芳草鲜美，落英缤纷，渔人很惊异，继续往前划，想看看这片桃林到底有多大。

桃林尽头就是溪水的发源处，有一座山，山上有个小小的洞口，里面仿佛有光亮。渔人便下了船，从小洞走进去。刚开始非常窄，勉强能过一个人。再走几十步，一下开阔起来。土地平整辽阔，一所所房子整齐地排列着，土地肥沃，池水清澈，还有桑树、竹林，等等。田间小路相互交叉，能听到鸡鸣狗叫的声音。其间来来往往或耕田劳作的男女，穿戴和外面的人一样。老人小孩，全都快快乐乐的。

看见渔人，他们大吃一惊，问他是从哪儿来的。渔人都说了。便把他邀请到家里，备酒杀鸡款待。村中听说有这么个人，都来打听。他们说，是长辈躲避秦时的战乱，带领妻子儿女和乡人来到这个隐秘的地方，不再出去，所以和外面的人隔绝了。问现在到了哪个朝代，他们根本不知有汉代，更不用说魏晋了。渔人一一告诉他们，他们都很感慨。其他人也都邀请渔人到自家吃饭。几天后渔人要告辞，里面的人说："不要告诉别人。"

渔人出来找到自己的船，就沿着来的路回去，一路做好记号。到了自己住的地方，就去把事情原原本本告诉了地方长官。长官就派人跟着他去，找他做过的记号，竟然没有，那条进桃花源的路再也找不到了。

这个故事是晋代著名文人陶渊明写的，原文是这样的——

晋太元中，武陵人捕鱼为业。缘溪行，忘路之远近。忽逢桃花林，夹岸数百步，中无杂树，芳草鲜美，落英缤纷，渔人甚异之。复前行，欲穷其林。

林尽水源，便得一山，山有小口，仿佛若有光。便舍船，从口入。初极狭，才通人。复行数十步，豁然开朗。土地平旷，屋舍俨然，有良田美池桑竹之属。阡陌交通，鸡犬相闻。其中往来种作，男女衣着，悉如外人。黄发垂髫，并怡然自乐。

见渔人，乃大惊，问所从来。具答之。便要还家，设酒杀鸡作食。村中闻有此人，咸来问讯。自云先世避秦时乱，率妻子邑人来此绝境，不复出焉，遂与外人间隔。问今是何世，乃不知有汉，无论魏晋。此人一一为具言所闻，皆叹惋。余人各复延至其家，皆出酒食。停数日，辞去。此中人语云："不足为外人道也。"

既出，得其船，便扶向路，处处志之。及郡下，诣太守，说如此。太守即遣人随其往，寻向所志，遂迷，不复得路。

在这个故事中，陶渊明为我们描绘了一个安宁恬静、人情淳朴的桃花源。这个美好的所在，渔人曾经到过，却再也无法找到，想一想：陶渊明为什么要这样写？

国学小贴士

《陶渊明集》

陶渊明又名潜，字元亮，私谥"靖节"，世称靖节先生。生于352或365年，427年去世。生前曾几次做官，又几次归隐。最后一次仅八十多天便弃职而去，从此归隐田园。他是中国第一位田园诗人，也是辞赋家。《陶渊明集》是他的别集。开始只有8卷，后逐渐增益。目前比较完备的是清代的刻本，名《靖节先生集》。

伯乐和千里马

春秋时期，秦穆公在位的时候，有个姓孙名阳的人，擅长相马，就是能根据马的骨骼长相判断出它是不是一匹骏马，他甚至可以分得出一般的良马和天下绝伦的千里马。人们管他叫伯乐。因为天上的星宿中，有一颗星叫伯乐，古人认为是掌管天马的，所以就把善于相马的孙阳叫作伯乐。世上总是要先有了伯乐这样的人，然后才能发现千里马。千里马是经常有的，但伯乐并不常有。所以，即使有名马，一旦落到那些当仆役的人手里，最终也就默默地死在马槽里，谁能知道它是千里马呢。

能够一日行千里的马，一顿或许要吃掉一百多斤粮食。喂马的人，不知道它是千里马，该多喂一点，还是像普通马一样喂养。这马即使有日行千里的能力，没吃饱，力气当然就不够了。内在的能力无法在外表现出来，便是和平常马一样也做不到，怎么能希望它日行千里呢？

没有正确的方法驾驭它，喂养它又不能让它充分发挥才能，它在那里嘶鸣，人们却不懂它的意思，拿着马鞭对它说:“天下没有好马!”唉! 这是真的没有好马吗? 还是人们真的不懂得马呀!

这个故事是韩愈《杂说》中的一篇,原文是这样的——

世有伯乐,然后有千里马。千里马常有,而伯乐不常有。故虽有名马,祇辱于奴隶人之手,骈死于槽枥之间,不以千里称也。

马之千里者,一食或尽粟一石。食马者,不知其能千里而食也。是马也,虽有千里之能,食不饱,力不足,才美不外见,且欲与常马等不可得,安求其能千里也?

策之不以其道,食之不能尽其材,鸣之而不能通其意,执策而临之,曰:“天下无马!”呜呼!其真无马邪? 其真不知马也!

不难看出,伯乐和千里马的故事是个寓言,“千里马”指优秀的人才,“伯乐”则是指发现和培养人才的人。作者认为,“伯乐”比“千里马”更为稀缺。有了伯乐,千里马才能成为千里马;而没有伯乐,即使是千里马也只能默默无闻地终老在马槽里。写这篇文章时,韩愈刚刚走上仕途,很担心自己被埋没,特别希望有“伯乐”能发现自己这匹“千里马”,这个故事影响很大,后来,人们就把能发现人才的人称为“伯乐”。文章的开头两句,很多人能背出来。你也试试吧!

国学小贴士

《昌黎先生集》

韩愈，字退之，河南河阳（今河南省孟州市）人，是唐代杰出的文学家、政治家。韩愈祖先居住在河北昌黎，是当地的郡望（古时候称郡中为人所仰望的显贵家族），所以世人称其“昌黎先生”。《昌黎先生集》是他的别集，为门人李汉所编。40卷。包括文章、诗赋。另有“外集”10卷，为宋人所辑。

捕蛇人的故事

永州山野中有种怪异的蛇，蛇身是黑的，上面有白色的花纹，被它碰过的草木都会枯死，如果咬人，那就更没得救了。但如果捕到它风干了作为药引子，可以治好多病，还能杀虫呢。太医奉皇帝之命征集这种蛇，每年两

次，谁能捕到，一年的赋税都不用缴了。永州人都争着想做这行当。

有个姓蒋的人，三代都是捕蛇的。问他情况，他说："我爷爷和爸爸都是被蛇咬死的。我做这行 12 年，也好几次差点死掉。"说的时候，看上去很伤心。

我也为他感到悲哀，就说："你怨恨这活是吧？我来和官府的人说，让他们恢复你的赋税，不要捕蛇了。"

那人一听，反而更悲伤了，眼泪都出来了，说："您这是可怜我吗？我干这行是很不幸，但要我缴赋税那就更惨了。要不是我干这行，早就没命了。我们家三代住在这里，已经 60 年了，眼看乡邻的日子真不好过。我在这里住了 12 年，和我一起的住户，现在十户只剩四五户了，不是死了就是搬走了，只有我因为捕蛇而过到现在。那些凶狠的官吏到乡里来，东叫西嚷，闯这闯那，凶神恶煞，连鸡狗都不得安宁。这时，我蹑手蹑脚地起来，看看我那罐子，只要蛇还在，就放心睡我的觉。小心地喂养它，到时献上去就完了。回来就安心地吃着自己种的东西，过完我的一生。一年之中，冒死也就两回，其余就安逸太平，哪像我的乡邻天天担惊受怕啊！就是被蛇咬死，比起我那些乡邻已经算死得晚啦，我怎么还敢怨恨啊？"

我听了这个故事更悲哀了。

这个故事是唐代大文豪柳宗元写的，原来的标题是《捕蛇者说》，原文是这样的——

永州之野产异蛇，黑质而白章；触草木，尽

死;以啮人,无御之者。然得而腊之以为饵,可以已大风、挛踠、瘘、疠,去死肌,杀三虫。其始,太医以王命聚之,岁赋其二,募有能捕之者,当其租入。永之人争奔走焉。

有蒋氏者,专其利三世矣。问之,则曰:“吾祖死于是,吾父死于是。今吾嗣为之十二年,几死者数矣。”言之,貌若甚戚者。

余悲之,且曰:“若毒之乎?余将告于莅事者,更若役,复若赋,则何如?”

蒋氏大戚,汪然出涕曰:“君将哀而生之乎?则吾斯役之不幸,未若复吾赋不幸之甚也。向吾不为斯役,则久已病矣。自吾氏三世居是乡,积于今六十岁矣,而乡邻之生日蹙。……与吾居十二年者,今其室十无四五焉,非死则徙尔,而吾以捕蛇独存。悍吏之来吾乡,叫嚣乎东西,隳突乎南北,哗然而骇者,虽鸡狗不得宁焉。吾恂恂而起,视其缶,而吾蛇尚存,则弛然而卧。谨食之,时而献焉。退而甘食其土之有,以尽吾齿。盖一岁之犯死者二焉,其余,则熙熙而乐,岂若吾乡邻之旦旦有是哉!今虽死乎此,比吾乡邻之死则已后矣,又安敢毒耶?”

余闻而愈悲。

柳宗元在文章最后用孔子的一句话揭示了这个故事所要表达的意思,你知道是哪句话吗?和爸爸妈妈一起把它找出来,写在横线上______________。

国学小贴士

柳宗元

柳宗元(773—819),字子厚,河东(现在山西芮城、运城一带)人,世称“柳河东”“河东先生”。柳宗元是唐代著名的文学家,与韩愈并称为“韩柳”,与刘禹锡并称“刘柳”,与王维、孟浩然、韦应物并称“王孟韦柳”,与韩愈一起为“唐宋八大家”之首,因为他最后做的官是柳州刺史,又称“柳柳州”。

钴鉧潭西小丘

发现西山美景后的第八天，我沿着山口向西北方向走二百步，看到了钴鉧潭。潭西二十五步，水流湍急的地方有一道堤坝。坝上有小丘，长着竹子和树木。山上的石头一块块突出隆起，从泥地里钻出来，争奇斗怪，数都数不过来。有的从上往下，一块接一块连下来，像是一群牛马从山上下来，到小溪边去饮水；有的由下而上，一块块突起，棱角分明，像是棕熊什么的正在爬山。

丘很小，应该不到一亩，一下子就能走完。打听谁是

它的主人，有人说："是一户姓唐人家的，不要了，想出售却没卖出去。"问价格，回答说："只要四百。"我喜欢这地方，就把它买了下来。李深源、元克己当时和我一起出游，都非常高兴，喜出望外。于是就拿了工具来，把乱七八糟的荒草锄掉，把长得不好的树木砍掉，点火烧了。这样，好的树木就挺立了，美的竹子就显现了，姿态奇异的石头就显露了。站在山上看出去，那高耸的山峰、浮游的白云、流淌的小溪、遨游的鸟兽，都兴致勃勃地争着向这座小山献上它们的巧艺。躺卧在坐席上，那么清泠的景象就到眼中来了，潺潺的声音就到耳中来了，悠然虚空的景象就到脑海中来了，深沉宁静的感觉就到心中来了。不到十天，我就得到了两块宝地，即便是古代好事的人，恐怕也做不到啊。

噫！小丘这么好的风景，要是在沣、镐、鄠、杜这些繁华的地方，一定会有很多有钱又爱游玩的人会争抢着买它。一天涨上千金，都还买不到呢。现在被遗弃在永州，农夫渔父，走过都看不起它，以四百的价格出售，一年都卖不掉。而我与深源、克己却非常高兴能得到这块地，是它和我们有缘吧。写篇文章刻在石头上，用于记录这座小山的遭遇。

这是柳宗元《永州八记》中的一篇——

得西山后八日，寻山口西北道二百步，又得钴鉧潭。西二十五步，当湍而浚者为鱼梁。梁之上有丘焉，生竹树。其石之突怒偃蹇，负土而出，争为奇状者，殆不可数。其嵚然相累而下者，若牛马之饮于溪；其冲然角列而上者，若熊罴之登于山。

丘之小不能一亩，可以笼而有之。问其主，曰："唐氏之弃地，货而不售。"问其价，曰："止四百。"余怜而售之。李深源、元克己时同游，皆大喜，出自意外。即更取器用，铲刈秽草，伐去恶木，烈火而焚之。嘉木立，美竹露，奇石显。由其中以望，则山之高，云之浮，溪之流，鸟兽之遨游，举熙熙然回巧献技，以效兹丘之下。枕席而卧，则清泠之状与目谋，瀯瀯之声与耳谋，悠然而虚者与神谋，渊然而静者与心谋。不匝旬而得异地者二，虽古好事之士，或未能至焉。

噫！以兹丘之胜，致之沣、镐、鄠、杜，则贵游之士争买者，日增千金而愈不可得。今弃是州也，农夫渔父，过而陋之，贾四百，连岁不能售。而我与深源、克己独喜得之，是其果有遭乎！书于石，所以贺兹丘之遭也。

这是一篇美文，读原文应该更能感觉到它文辞的简练、生动和句式的错落有致。转述的故事恐怕不能表达原文风采之万一。请你在爸爸妈妈的帮助下读读原文吧，要大声读，把文章读流畅了，即使有不懂的地方也没关系哦。

国学小贴士

《河东先生集》

《河东先生集》是刘禹锡为柳宗元编的别集，原名《柳先生文集》，一称《柳河东集》。宋代有好些文人为它作注、辨音、释义，现存有《唐柳先生文集》《五百家注音辨柳先生文集》等，明代人蒋之翘也做过评注比较详细的辑注，共45卷，外集5卷，遗文1卷，附录1卷。

黄冈竹楼

黄冈盛产竹子，大的就像造房子用的圆木头。竹工把它剖开，剜掉竹节，用来替代陶制的瓦片。家家户户的房子都这样，因为它价格便宜又省工时。

城门外原来有用于防护的半圆形矮墙，西北角上都已毁坏，长满了野草，一片荒芜。我就在那里造了两间小

楼，和月波楼相通。远望能览尽山峰秀丽的景色，平视则江水沙滩尽收眼底，幽静辽阔，有说不完的好处。夏天最好遇上急雨，那声音像瀑布一般；冬天呢，最好下细密的雪花，那声音好似碎玉一般。这里适合弹琴，琴声清越和畅；这里适合吟诗，诗韵清奇卓绝；这里适合围棋，落子的声音“丁丁”作响；这里适合玩投壶游戏，箭投壶中，发出“铮铮”的声音——这全是因为竹楼的缘故啊。

办完公事有闲暇，披上大衣，戴上头巾，拿一卷《周易》，点一支香，安安静静坐着，所有人世间的烦恼都没了。除了山川，就只见船上风帆、沙滩飞鸟，还有烟云、竹树而已。等酒醒，茶炉的烟火消散，送走夕阳，迎来皓月，也是贬官时的一大乐事啊。那叫作“齐云”“落星”的楼，高是高了；叫作“井干”“丽谯”的楼，华丽是华丽了，就是用来养歌妓，看歌舞的，这可不是文人的事，我不做的。

我听竹工说：“用竹子做瓦，只能用十年；如果覆两层，可以用二十年。”噫！我在至道元年，由翰林学士贬到滁州；第二年又到广陵，再下一年又回京城任职；后一年除夕，又到了齐安；再下一年的闰三月到了这里。四年之间，奔走个不停；不知道明年又在什么地方，我怎么会担心竹楼容易坏呢！如果后辈有谁和我志趣相同，继续修葺它，那么这楼也就不朽了！

这篇文章是北宋文人王禹偁写的，原文是这样的——

黄冈之地多竹，大者如椽。竹工破之，刳去

其节，用代陶瓦。比屋皆然，以其价廉而工省也。

子城西北隅，雉堞圮毁，蓁莽荒秽，因作小楼二间，与月波楼通。远吞山光，平挹江濑，幽阒辽夐，不可具状。夏宜急雨，有瀑布声；冬宜密雪，有碎玉声。宜鼓琴，琴调虚畅；宜咏诗，诗韵清绝；宜围棋，子声丁丁然；宜投壶，矢声铮铮然；皆竹楼之所助也。

公退之暇，被鹤氅衣，戴华阳巾，手执《周易》一卷，焚香默坐，消遣世虑。江山之外，第见风帆沙鸟，烟云竹树而已。待其酒力醒，茶烟歇，送夕阳，迎素月，亦谪居之胜概也。彼齐云、落星，高则高矣；井干、丽谯，华则华矣。止于贮妓女，藏歌舞，非骚人之事，吾所不取。

吾闻竹工云："竹之为瓦，仅十稔；若重覆之，得二十稔。"噫！吾以至道乙未岁，自翰林出滁上，丙申，移广陵；丁酉又入西掖；戊戌岁除日，有齐安之命、已亥闰三月到郡。四年之间，奔走不暇；未知明年又在何处，岂惧竹楼之易朽乎！幸后之人与我同志，嗣而葺之，庶斯楼之不朽也！

咸平二年八月十五日记。

这篇文章细细写了竹楼的种种好处，看完想想：作者写了竹楼的哪些好处？试试把它列出来。

好处1______________________________

好处2______________________________________
好处3______________________________________
好处4______________________________________

国学小贴士

《小畜集》

《小畜集》是王禹偁自编的别集。王禹偁生于公元954年,1001年去世,字元之,因为曾经担任过黄州知州的官职,人们也叫他"王黄州"。他是北宋有名的敢于直言讽谏的大臣,也是诗人、散文家,北宋诗文革新运动的先驱。《小畜集》共30卷。

严先生祠堂记

先生是东汉光武帝刘秀的老朋友。你们在道德上相互推崇。当刘秀掌握了要他顺应天命、当大汉皇帝的《赤伏符》，乘上六龙似的骏马拉的车，登上皇帝宝座的时候，统治着千千万万的人，天下还有谁比他更威风呢？只有先生您不敬畏他的权力，而是推崇他的节操。后来你们

的友谊连天象都为之改变了，您归隐江湖，做了最清高的圣人。把高官厚禄看得像泥土一样，天下又有谁能超过您呢？只有光武帝以礼相待，甘居您下。

《易经》的“蛊卦”中，“上九”这一条，说的是在大家都觉得当官可有所作为的时候，“偏偏不侍奉王侯，保持自己高尚品格”，先生您正是这样做了。《易经》的“屯卦”中，“初九”这一条，说帝王之气正旺盛，而能“以高贵的身份结交低地位的人，大得民心”，光武帝就这么做了。先生您心胸的高尚，出于日月之上；光武气量的宏大，包容天地之外。没有先生，不能成就光武的伟大；没有光武，又岂能让先生随性高蹈呢？您使贪婪的人变得廉洁，使懦弱的人勇敢起来，这对于维护礼仪教化功劳太大了。

范仲淹来这里做官，才建立祠堂祭奠您，又免除了先生家四代人的差役，让他们负责祭祀的事情。又歌颂道：“云雾缭绕的高山啊，郁郁葱葱；奔流的江水啊，波浪滚滚，先生之风范，就像山一样高，水一样长！”

这个故事的原文是这样的——

先生，汉光武之故人也。相尚以道。及帝握《赤符》，乘六龙，得圣人之时，臣妾亿兆，天下孰加焉？惟先生以节高之。既而动星象，归江湖，得圣人之清。泥涂轩冕，天下孰加焉？惟光武以礼下之。

在《蛊》之上九，众方有为，而独“不事王侯，高尚其事”，先生以之。在《屯》之初九，阳德方亨，而能“以贵下贱，大得民也”，光武以之。盖先生之心，出乎日月之上；光武之量，包乎天地之外。微先生，不能成光武之大，微光武，岂能遂先生之高哉？而使贪夫廉，懦夫立，是大有功于名教也。

仲淹来守是邦，始构堂而奠焉，乃复为其后者四家，以奉祠事。又从而歌曰：“云山苍苍，江水泱泱，先生之风，山高水长！”

这里所说的“先生”，是指汉代著名的隐士严光，字子陵。严光和东汉光武帝刘秀是同学，也是好朋友。即使在刘秀即位后，他们也亲密无间。据说有一次严光睡觉时把脚搁在刘秀肚子上，皇宫里观察天象的人报告说：有客星侵犯帝座。这就是文中说的“动星象”。刘秀曾多次请严光出来做官，他都拒绝了，隐姓埋名，居住在富春山。现在浙江桐庐县城南15公里的富春山麓尚有名胜“严子陵钓台”，成了著名的旅游景点了。

北宋明道二年(1033)冬，范仲淹因政见不同，被外放为睦州知州。严光隐居的地方就在睦州境内，范仲淹为他修筑祠堂并作文纪念，借此表达对明君和高士的景仰之情。最后那首歌，传颂很广，你可以试着把它背出来——背原文哦。

国学小贴士

《范文正公集》

《范文正公集》是北宋时期杰出的政治家、文学家范仲淹的别集。范仲淹出生于 989 年，1052 年去世，字希文。范仲淹为官期间，在治理地方、守护边疆等方面都做得很好，文学成就也很突出。他在《岳阳楼记》中写的“先天下之忧而忧，后天下之乐而乐”，是脍炙人口的名句，对后世影响深远，成为仁人志士仰慕的节操。

神童仲永

在江西金溪那个地方，有个名叫方仲永的人，家里世世代代都是种地的。仲永长到五岁，还从不知道什么是笔呀墨的。忽然有一天，他哭闹着要纸笔。父亲觉得非常奇怪，就到附近有文具的人家去借了来。没想到的是，

仲永居然立刻写了四句诗，还题上了自己的名字。诗歌的主题呢，是侍养父母、和族里的人团结友爱。父亲把他写的诗拿出去，大家都很惊讶，一乡的读书人都在传看。从此以后，无论别人指什么为题，他都能立刻写成诗，意思都不错，还挺有文采的。大家都觉得他是个神童，对他父亲的态度也有点恭敬起来，还有人拿了钱来请他写诗。他父亲觉得这可是个赚钱的机会，于是天天带着仲永四处游走，拜见乡里的各种人，根本不让他学习。

我早就听说了这件事。明道年间，跟父亲回乡，在舅舅家见到了仲永，他已经十二三岁了。让他作诗，似乎并不像传说中的那么好。又过了七年，我从扬州回来，又到舅舅家，问起仲永的近况，舅舅说："和一般人没什么两样了。"

这个故事在《临川先生文集》中，原文是这样的——

金溪民方仲永，世隶耕。仲永生五年，未尝识书具，忽啼求之。父异焉，借旁近与之，即书诗四句，并自为其名。其诗以养父母、收族为意，传一乡秀才观之。自是指物作诗立就，其文理皆有可观者。邑人奇之，稍稍宾客其父，或以钱币乞之。父利其然也，日扳仲永环谒于邑人，不使学。

余闻之也久。明道中，从先人还家，于舅家见之，十二三矣。令作诗，不能称前时之闻。又七年，还自扬州，复到舅家问焉，曰"泯然众人矣"。

这个神童覆灭的故事，让王安石先生非常感慨，把文章的标题定为《伤仲永》。请同学们看完这个故事，和爸爸妈妈讨论讨论：王安石先生的“伤仲永”，到底“伤”些什么呢？

国学小贴士

《临川集》

《临川集》是北宋文人王安石的别集。王安石生于公元1021年，1086年去世。字介甫，号半山，死后获得的谥号为“文”，又称王文公。因为是临川（今江西省抚州市临川区）人，所以集名为《临川集》。王安石是北宋著名的政治家、改革家和文学家。他曾主持历史上有名的熙宁变法，并因此而两次罢相。《临川集》在宋代、明代和清代都有很多刻本。

欧阳修修筑丰乐亭

滁州在五代纷争的时候，是兵家必争之地。当年宋太祖曾经带领后周的军队在清流山下打败了南唐中主李璟的十五万人马，在滁州东门外活捉了皇甫辉、姚凤，这才平定了滁州。我曾经考察这里的山川，根据有关图籍，爬到高处去眺望清流关，想要看到当年活捉皇甫辉、姚凤的地方。但过去的人都不在了，天下太平已经很久了。唐朝末年，统治者把控不了局势的时候，海内分裂，豪杰纷纷起来争地夺权，那时，作为敌国而存在的哪里数得清啊？等宋朝建立，圣人一出，四海就统一了。当年凭借山川险阻逞强的，都被消灭了，百年之间，只看见山高水清。

想要问问当年的事，过去留下的人都没有了！

我到了这儿，喜欢这里地方偏僻，政事清简，又爱这里的风俗安闲。既然找到了山谷之间的这泓泉水，就天天和当地人抬头看山，低头听泉。采摘幽香的花草，在高大的树木下乘凉。秋天迎着风霜，冬天踏冰赏雪，裸露的山岩如此清秀，一年四季的景色，就没有不可爱的。更幸运的是，这里的百姓因为每年都收成很好，也乐于和我同游。于是我就为他们考察山川形胜，讲说这里的风俗之美，让百姓知道，他们之所以能够享受丰年的安乐，是因为有幸生于天下太平的时世啊。

这个故事的原文是这样的——

修既治滁之明年，夏，始饮滁水而甘。问诸滁人，得于州南百步之近。其上则丰山，耸然而特立；下则幽谷，窈然而深藏；中有清泉，滃然而仰出。俯仰左右，顾而乐之。于是疏泉凿石，辟地以为亭，而与滁人往游其间。

滁于五代干戈之际，用武之地也。昔太祖皇帝，尝以周师破李景兵十五万于清流山下，生擒其皇甫辉、姚凤于滁东门之外，遂以平滁。修尝考其山川，按其图记，升高以望清流之关，欲求辉、凤就擒之所。而故老皆无在也，盖天下之平久矣。自唐失其政，海内分裂，豪杰并起而争，所在为敌国者，何可胜数？及宋受天命，圣人出而四海一。向之凭恃险阻，铲削消磨，百年之间，漠然徒见山高而水清。欲问其事，而遗老尽矣！

……

修之来此，乐其地僻而事简，又爱其俗之安闲。既得斯泉于山谷之间，乃日与滁人仰而望山，俯而听泉。掇幽芳而荫乔木，风霜冰雪，刻露清秀，四时之景，无不可爱。又幸其民乐其岁物之丰成，而喜与予游也。因为本其山川，道其风俗之美，使民知所以安此丰年之乐者，幸生无事之时也。

夫宣上恩德以与民共乐，刺史之事也。遂书以名其亭焉。

庆历丙戌六月日，右正言知制诰、滁州军州事欧阳修记。

欧阳修在滁州担任行政长官，第二年夏天，才发现滁州的水喝起来非常甘甜，于是他便去问当地人。经他们指点，他在滁州城南不到一百步的地方找到了水源。那上面是丰山，高高地耸立着；下面是山谷，非常幽深；山谷里有一汪清泉，向上喷涌而出。欧阳修环顾左右上下，觉得这地方太好了。于是疏通泉水，凿开石头，辟出一块地来建了一座亭子，取名“丰乐亭”，还和当地人一起在其间游玩。为此，他还写了上面这篇文辞优美的散文《丰乐亭记》。如果有机会去当地旅游，不妨带上这篇文章，实地体验一下作者当时的心情哦。

国学小贴士

《欧阳文忠集》

《欧阳文忠集》是欧阳修的别集。欧阳修，字永叔，号醉翁、六一居士，生于1007年，1072年去世，吉州永丰(今江西省吉安市永丰县)人。因为家乡吉州原属庐陵郡，所以他会在文章里以“庐陵欧阳修”自居。他是北宋的政治家、文学家，政治地位很高，文学声望也很高。为“唐宋八大家”之一，后人把他和韩愈、柳宗元、苏轼合称“千古文章四大家”。死后谥号为文忠，世称欧阳文忠公，所以别集名为《欧阳文忠集》。其中《居士集》为欧阳修自己编定，其余都是后人编刻的。

墨池的故事

江西抚州市一带，宋代的时候叫临川，临川城的东边，有一块地势平坦的高地，因为临近溪水，叫作新城。新城里，有一洼浅水，形成一个长方形池塘，人们把它叫作“王羲之墨池”。南朝人荀伯子在他的《临川记》里记载了这件事。王羲之曾经非常仰慕东汉著名的书法家张芝，在水池边学写字，因为不断地在池水里清洗笔砚，池水都变成了黑色。这就是它的旧迹，也不知道到底是不是真的。王羲之不愿当官的那段时间，一路游历，到了最东面，泛舟东海，在山水之间寄托他的情志。难道他纵情遨游的时候，曾经在这里停留过？王羲之的书法到了晚年才特别出色，说明他的成就是经过努力才得到的，并不是天生的。这样看来，后世有比不上他的人，难道不是学习的劲头不如他吗？勤学苦练哪里少得了啊！何况是希望在道德修养上有更高的造诣呢？

墨池上面现在盖了房子，成了抚州州府的学舍。主管学政的王盛先生生怕王羲之的事迹不为人所知，特意在厅堂前的柱子上写了“晋王右军墨池”六个大字，又对曾巩说：“请您为这件事写篇文章吧。”推想王先生的意思，是喜欢王羲之字写得好，即使是一技之长也不忍埋没，因而推及他的事迹呢？还是想要通过宣传他的事迹，勉励后人努力学习呢？人只要有一技之长，就能使后人这样推崇他，何况胸怀仁义、品行端方的人，他们的思想、品性，该怎样地滋养着后人啊！

上面这个故事，出自唐宋八大家之一的曾巩之手，他听从王盛的吩咐，写下了著名的《墨池记》，原文是这样的——

临川之城东，有地隐然而高，以临于溪，曰新城。新城之上，有池洼然而方以长，曰王羲之之墨池者。荀伯子《临川记》云也。羲之尝慕张芝，临池学书，池水尽黑，此为其故迹，岂信然邪？方羲之之不可强以仕，而尝极东方，出沧海，以娱其意于山水之间。岂其徜徉肆恣，而又尝自休于此邪？羲之之书晚乃善，则其所能，盖亦以精力自致者，非天成也。然后世未有能及者，岂其学不如彼邪？则学固岂可以少哉！况欲深造道德者邪？

墨池之上，今为州学舍。教授王君盛恐其不章也，书“晋王右军墨池”之六字于楹间以揭之，又告于巩曰：“愿有记。”推王君之心，岂爱人之善，虽一能不以废，而因以及乎其迹邪？其亦欲推其事，以勉其学者邪？夫人之有一能，而使后人尚之如此，况仁人庄士之遗风余思，被于来世者何如哉！

庆历八年九月十二日，曾巩记

同学们应该都听说过王羲之吧？他是东晋著名的书法家，人们把他推崇为“书圣”，可见他的字写得有多好。那么，他为什么能在书法上有这么高的成就呢？听了上面这个关于墨池的故事你应该有所领悟吧？作者推想王盛之所以要为墨池题字、写记，或者是因为喜欢王羲之字，因而要宣扬他的事迹；或者是想要通过宣传他的事迹，勉励后人努力学习。你觉得他可能是哪一种企图？

国学小贴士

《元丰类稿》

《元丰类稿》是曾巩的别集。曾巩，字子固，出生于1019 年，1083 年去世，建昌军南丰（今江西省南丰县）人，世称“南丰先生”。他是北宋散文家、史学家、政治家，“唐宋八大家”之一。死后追谥为“文定”。因为别集编定于宋神宗元丰年间，所以叫《元丰类稿》。

放鹤亭

熙宁十年(1077)的秋天,彭城(也就是今天的江苏省徐州市)发大水。云龙山人张君的书斋,洪水淹到半个门扇那么高。第二年春天,洪水消退,云龙山人把书斋搬迁到故居的东面——东山的山脚下。登高一看,景色太优

美了！于是，他就在这上面修建了一个亭子。彭城的山岗，一座连着一座，四面合拢，影影绰绰像个大圆环，就是西面缺了点，而云龙山人的亭子正修在这个缺口上。春夏交替的时候，草木郁郁葱葱，像是一直绵延到天上；秋冬季下雪和皓月当空的时候，白茫茫千里一色；刮风下雨、晦暗明亮之间，抬头仰望或者低头俯瞰，景色真是千变万化。

云龙山人饲养了两只鹤，它们很驯服，也很会飞。云龙山人早上对着西山的缺口把它们放出去，随便它们往哪儿飞。这两只鹤有时站在水田里，有时翱翔在云端；傍晚就向着东山飞回来。所以他就把这个亭子命名为“放鹤亭”。

徐州知州苏轼常常带了宾客下属来拜见云龙山人，他们就在放鹤亭上喝酒，非常快乐。他向云龙山人作了个揖，对他说：“您知道隐居的快乐吗？即使面朝南做了国君，也交换不到这种快乐呢。《易经》说：‘鹤在北边鸣叫，它的小鹤就会应和。’《诗经》说：‘鹤在深沉曲折的湖泊中鸣叫，即使在天上也听得到这个声音。’因为鹤这种动物，清高、孤远、悠闲、旷达，超出世俗的尘埃之外，所以《易经》《诗经》把它比作贤人君子。有德而隐居的人，亲近它，把它养起来当玩物，应该是有好处而没有坏处的；但是卫懿公喜好鹤，却搞得国家都灭亡了。周公作《酒诰》，卫武公作《抑戒》，都认为没有比酒更能使人荒唐、迷惑、破败、混乱的东西了；但是刘伶、阮籍等人，却因为酒而保住了自己的真性情，并且留名于后世。唉！有南面之尊的国君，即便清远闲放得像鹤一样，也不能喜欢鹤，喜欢的话就弄得国破人亡；而隐居山林的人，即使酒这种使人荒唐、迷惑、破败、混乱的东西，也不能有所妨害，何况是喜欢鹤呢？由此看来，隐居的乐趣真的不可同日而语啊。”云龙山人高兴地笑着说：“就是啊！”于是创作了《放鹤歌》和《招鹤歌》。

这篇文章收在苏轼的文集中，标题叫《放鹤亭记》，原文是这样的——

熙宁十年秋，彭城大水。云龙山人张君之草堂，水及其半扉。明年春，水落，迁于故居之东，东山之麓。升高而望，得异境焉，作亭于其上。彭城之山，冈岭四合，隐然如大环，独缺其西一面，而山人之亭，适当其缺。春夏之交，草木际天；秋冬雪月，千里一色；风雨晦明之间，俯仰百变。

山人有二鹤，甚驯而善飞，旦则望西山之缺而放焉，纵其所如，或立于陂田，或翔于云表；暮则傃东山而归。故名之曰“放鹤亭”。

郡守苏轼，时从宾佐僚吏往见山人，饮酒于斯亭而乐之。挹山人而告之曰：“子知隐居之乐乎？虽南面之君，未可与易也。《易》曰：‘鸣鹤在阴，其子和之。’《诗》曰：‘鹤鸣于九皋，声闻于天。’盖其为物，清远闲放，超然于尘埃之外，故《易》《诗》人以比贤人君子。隐德之士，狎而玩之，宜若有益而无损者；然卫懿公好鹤则亡其国。周公作《酒诰》，卫武公作《抑戒》，以为荒惑败乱，无若酒者；而刘伶、阮籍之徒，以此全其真而名后世。嗟夫！南面之君，虽清远闲放如鹤者，犹不得好，好之则亡其国；而山林遁世之士，虽荒惑败乱如酒者，犹不能为害，而况于鹤乎？由此观之，其为乐未可以同日而语也。”山人忻然而笑曰：“有是哉！”乃作放鹤、招鹤之歌。

古人喜欢在修筑亭台楼阁之后留下一点文字以作纪念，这篇文章也是如此。作者从为什么要修建亭子、为何命名为“放鹤亭”落笔，但中间却没有对放鹤亭本身多加描写，而是写了云龙山人养鹤的事，并由此生发出一大段议论，成为文章的主体。在这段议论中，有三重对比：第一是鹤和酒的对比，第二是卫懿公和刘伶、阮籍的对比，第三是隐居和南面之尊的对比。鹤“清远闲放”，酒“荒惑败乱”，但卫懿公好鹤亡国，刘伶、阮籍好酒留名，可见，隐居之乐和当权之苦真是天壤之别。这既是对主人隐居生活的称颂，也是作者在官场沉浮的感慨。放鹤亭位于今天的江苏省徐州市云龙山之巅，有机会可以和家人一起去看看哦。

国学小贴士

三　苏

“三苏”指北宋散文家苏洵和他的两个儿子。苏洵，字明允，号老泉。儿子苏轼，字子瞻，号东坡居士；其弟苏辙，字子由，自号颍滨遗老。宋仁宗嘉定初年，苏洵和苏轼、苏辙一起来到东京(今河南开封市)，受到欧阳修的赏识和推誉。“三苏”很快著名于世，在“唐宋八大家”中占了三席。

探寻石钟山的秘密

《水经》说："鄱阳湖口有座石钟山。"郦道元认为，石钟山下面是深潭，微风吹动水浪，撞在石头上，声音像洪钟一样，所以叫石钟山。这个说法，人们通常都很怀疑。就是直接把钟、磬等响器放在水中，即便风吹浪打，也不会发出声音，何况石头呢？直到唐代，才有个叫李渤的人想去实地弄个明白。他在水潭里找到两块大石，敲击它，听它的声音。南面那块山石，声音重浊含混，北面那块清脆响亮。鼓槌不敲了，还有余响，慢慢才停歇。他以为这

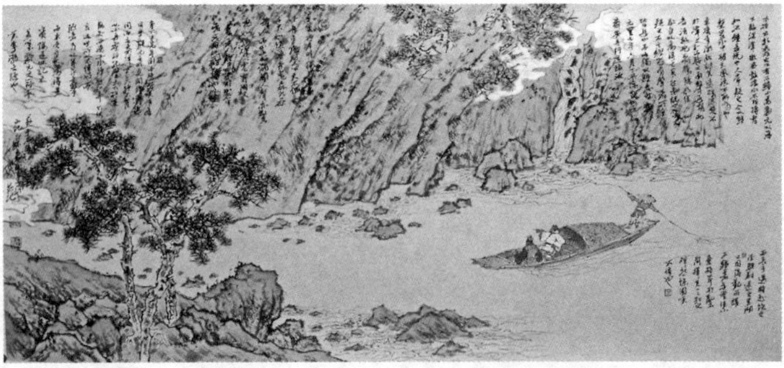

就是石钟山得名的缘由了。但这个说法，我还是不太相信。能发出铿锵声者的石头多啦，为什么这里偏偏叫“石钟”呢？

元丰七年六月丁丑那天，我从齐安坐船到临汝去。大儿子苏迈要到德兴去做官，我送他到湖口，看到了石钟山。庙里的和尚让小童拿着斧头，在乱石中挑几块敲击，发出“硿硿”的声音。我笑着，不以为然。到了晚上月亮出来的时候，我和儿子坐着小船来到绝壁下。大石头侧立着，高耸千尺，像是猛兽奇鬼，阴森森地要朝人扑过来。山上停歇着的鹘鸟，听到人的声音也被惊起，在云霄间发出“磔磔”的叫声，又有像老人在山谷里边咳嗽边笑的声音，有人说这是鹳鹤。我觉得有点心惊，正想回去，忽然水上发出巨大的声响，洪亮的声音像不断敲击的钟鼓一样。划船的人害怕极了。我慢慢观察，发现山下都是石洞和石缝，不知道浅深，微波灌进去，激荡着发出了这样的声音。回去的路上，船到两山之间，将要进港口时，水流中间有一块大石头，上面可以坐一百来人，石头中间是空的，有很多窟窿，风吹浪打，一吞一吐，发出叮当铮鏦的声音，和刚才洪亮的声音相互应和，像演奏乐曲一样。于是我笑着对儿子说：“你知道吗？那洪亮的声音，就是周景王的‘无射钟’；叮当铮鏦的响声，就是魏庄子的歌钟。古人不会欺骗我们啊！”

这是苏轼写的一篇文章，题目叫《石钟山记》，原文是这样的——

《水经》云："彭蠡之口有石钟山焉。"郦元以为下临深潭，微风鼓浪，水石相搏，声如洪钟。是说也，人常疑之。今以钟磬置水中，虽大风浪不能鸣也，而况石乎！至唐李渤始访其遗踪，得双石于潭上，扣而聆之，南声函胡，北音清越，桴止响腾，余韵徐歇。自以为得之矣。然是说也，余尤疑之。石之铿然有声者，所在皆是也，而此独以钟名，何哉？

元丰七年六月丁丑，余自齐安舟行适临汝，而长子迈将赴饶之德兴尉，送之至湖口，因得观所谓石钟者。寺僧使小童持斧，于乱石间择其一二扣之，硿硿焉。余固笑而不信也。至莫夜月明，独与迈乘小舟，至绝壁下。大石侧立千尺，如猛兽奇鬼，森然欲搏人；而山上栖鹘，闻人声亦惊起，磔磔云霄间；又有若老人咳且笑于山谷中者，或曰此鹳鹤也。余方心动欲还，而大声发于水上，噌吰如钟鼓不绝。舟人大恐。徐而察之，则山下皆石穴罅，不知其浅深，微波入焉，涵淡澎湃而为此也。舟回至两山间，将入港口，有大石当中流，可坐百人，空中而多窍，与风水相吞吐，有窾坎镗鞳之声，与向之噌吰者相应，如乐作焉。因笑谓迈曰："汝识之乎？噌吰者，周景王之无射也；窾坎镗鞳者，魏庄子之歌钟也。古之人不余欺也！"

我们都有过旅游的经历，可我们很少去质疑人们对

景点的解释。你看，苏轼就不人云亦云。他经过实地考察，找到了事情的真相（至少他认为是真相），并感慨说："事不目见耳闻，而臆断其有无，可乎？"（怎么可以在没有亲眼看见、亲耳听见之前，就主观地确定事情的有无呢？）

钟在古代不仅是一种响器，还是一种乐器，也叫编钟，可以演奏曲子。苏轼最后听到的声音高低错落，就像在演奏乐曲，所以更符合"石钟"的意思。在原文《石钟山记》中，苏轼用了很多表示声音的词（我们叫它拟声词），试试看，能不能和爸爸妈妈一起把它画出来？

国学小贴士

《东坡七集》

《东坡七集》是苏轼的别集。苏轼字子瞻，一字和仲，号铁冠道人、东坡居士，世称苏东坡。出生于公元1037年，1101年去世。眉州眉山（今四川省眉山市）人。他是北宋著名的文学家、书法家。"唐宋八大家"之一。《东坡七集》包含《东坡集》《后集》《奏议》《外制集》《内制集》《应诏集》《续集》等七种，所以叫《东坡七集》，宋代和明清都有刻本。

书 巢

陆游年龄大了，身体又有病，但仍不放弃读书，他把自己的房间叫作“书巢”。有位朋友觉得有点奇怪，问陆游：“你现在明明有屋子住着，门扇、窗户、墙壁，和别人的屋子没有什么两样，你却把它叫作‘巢’，这是为什么啊？”陆游回答说：“你说的话很对，不过你没有进我的房间。我的房间里，上下左右全都是书。有的装在盒子里，有的就放在眼前，还有的像枕头被褥似的堆在床上。我吃喝也好，休息也好，甚至有了病痛要呻吟，悲伤忧愤时要感叹，没有一刻不和书在一起的。住在这里，宾客不来，我也不去看妻子和孩子，什么风雨雷雹天气变化都不知道。偶然想着要出去走走，但被乱堆的书籍包围了，就像堆积着的枯树枝似的，有时简直连路都走不成，就自己笑着说：‘这难道不是我说的巢穴吗？’”

于是陆游就带朋友进房参观。朋友开始走也走不进，好不容易走进去了，又没法走出来，就也大笑着说：“这可真是个巢啊！”

朋友走了以后，陆游感慨地说："天下的事情，听到的不如看到的知道得更详细；看到的不如住着的知道得更全面。如果'道'是一所房子，像我们这样的人，还没有走到厅堂的深处，站在篱笆墙外，就说长道短的，这怎么可以呢？"于是就把这事写下来，为自己敲敲警钟。

这是宋代著名诗人陆游的文章，收在他的《渭南文集》中。原文是这样的——

> 陆子既老且病，犹不置读书，名其室曰"书巢"。客有问曰："今子幸有屋以居，牖户墙垣，犹之比屋也，而谓之巢，何耶？"陆子曰："子之辞辩矣，顾未入吾室。吾室之内，或栖于椟，或陈于前，或枕藉于床，俯仰四顾，无非书者。吾饮食起居，疾痛呻吟，悲忧愤叹，未尝不与书俱。宾客不至，妻子不觌，而风雨雷雹之变，有不知也。间有意欲起，而乱书围之，如积槁枝，或至不得行，辄自笑曰：'此非吾所谓巢者邪？'"乃引客就观之，客始不能入，既入又不能出，乃亦大笑曰："信乎其似巢也！"客去，陆子叹曰："天下之事，闻者不如见者知之为详，见者不如居者知之为尽。吾侪未造乎道之堂奥，自藩篱之外而妄议之，可乎？因书以自警。"

文章用"陆子"与"客"对话的形式，表现了陆游对书的热爱，同时通过"客"从听说"书巢"的不解、到听完解释并亲身体验后的“大笑”，以及与自己常居其间的对照，悟出一个道理：天下的很多事情，如果没有深入其中，只是远远看着，是不可以胡乱批评的。

你家里有没有书房？和陆游的“书巢”像吗？

国学小贴士

《渭南文集》

《渭南文集》是陆游的别集。是陆游自己编的，他的小儿子陆子遹刊刻。全书50卷，包括文集41卷，《天彭牡丹谱》1卷，《入蜀记》6卷，词2卷。因为陆游曾封渭南县伯，所以取名《渭南文集》。

宋濂辛苦求学

我年幼的时候就喜欢学习，但是家里穷，没钱买书，我就常常问家里有藏书的人借，借了抄下来，约好日期送回去。天气特别寒冷的时候，砚台中的水结成了硬硬的冰，手指冻得伸不直也弯不起，即使这样我也不敢懈怠。

抄写完赶快跑去送还人家，一点儿都不敢超过约定的期限。因为这样，人们都很愿意把书借给我，我也因此而读了很多书。成年后，我更加仰慕圣贤的学说，又担心不能结交学识渊博的老师和名人，就远走百里之外，手拿经书，向同乡的前辈求教。前辈学问好，名望大，门人学生挤满了房间，他的言辞态度一直非常严肃，从来没放松过。我陪侍在他左右，提出疑难，询问道理，弯着腰侧着耳朵向他请教；有时被他批评，我的表情就更恭敬，礼数也更周到，不敢顶撞一句话；等到他和颜悦色了，再向他请教。所以我虽然愚钝，最终还是得到不少教益。

当我寻师求学的时候，背着书箱，拖着鞋子，在深山大谷中行走，严冬寒风凛冽，大雪深达几尺，脚上的皮肤冻裂了我都不知道。终于到了学生们住的地方，我四肢冻僵了，不能动弹，仆人给我灌下热水，把被子盖在我身上，过了很久才暖和过来。住在旅馆里，我每天只吃两顿饭，没有新鲜肥嫩的美味享受。住在一起的求学者都穿着锦绣衣服，戴着穿有珠穗、饰有珍宝的帽子，腰间挂着白玉环，左边佩刀，右边佩香囊，光彩鲜明，如同神人。我呢，穿着破旧的衣袍和他们在一起，却一点儿也不羡慕他们，因为我心中有足以让自己感到高兴的事，就不觉得吃穿享受不如人家了。

这是宋濂写给他同乡的信的节选，收在他的文集《宋文宪公全集》中，原文是这样的——

余幼时即嗜学。家贫，无从致书以观，每假

借于藏书之家，手自笔录，计日以还。天大寒，砚冰坚，手指不可屈伸，弗之怠。录毕，走送之，不敢稍逾约。以是人多以书假余，余因得遍观群书。既加冠，益慕圣贤之道，又患无硕师、名人与游，尝趋百里外，从乡之先达执经叩问。先达德隆望尊，门人弟子填其室，未尝稍降辞色。余立侍左右，援疑质理，俯身倾耳以请；或遇其叱咄，色愈恭，礼愈至，不敢出一言以复；俟其欣悦，则又请焉。故余虽愚，卒获有所闻。

当余之从师也，负箧曳屣，行深山巨谷中，穷冬烈风，大雪深数尺，足肤皲裂而不知。至舍，四肢僵劲不能动，媵人持汤沃灌，以衾拥覆，久而乃和。寓逆旅主人，日再食，无鲜肥滋味之享。同舍生皆被绮绣，戴珠缨宝饰之帽，腰白玉之环，左佩刀，右备容臭，煜然若神人；余则缊袍敝衣处其间，略无慕艳意。以中有足乐者，不知口体之奉不若人也。

宋濂是明代的大官，开国文臣之首。宋濂过世后，朝廷给他的称号叫“文宪”，意思是奉他为文章方面的表率。在这封写给年轻同乡的信中，他以自己当年勤奋学习的事鼓励后辈，希望他努力学习，出人头地。从他和“同舍生”相处的情况来看，古人好像也有攀比呢，不过宋濂却不和他们比，他的心思完全在学习上。平时在学校里，你能不能做到这样呢？

国学小贴士

《宋文宪公全集》

宋濂自己手定的别集叫《宋学士文集》，明代正德年间由太原张缙刊行。明代嘉靖年间，海陵徐氏、高淳韩氏，都有刻本，比原先的有所增益，到了清代的嘉庆年间，严荣把两个刻本合并再增益，编为《宋文宪公全集》53卷。

柑子的故事

杭州有个卖水果的人，擅长贮藏柑子，经过一冬一夏都不烂。拿出来很光鲜，金灿灿的，质地像玉一样。放在市场上，卖十倍的价钱，人们都抢着买。

我买到一个，剖开，像有股轻烟扑过口鼻，看里面，果

肉干瘪，像破棉絮似的。我感到很奇怪，就问他：“你卖的柑子，是用来装在盘子里当供品，祭祀用的，还是要给客人品尝的？你把我们当傻瓜、瞎子啊，用好看的外表来愚弄我们？太过分了，你这是欺骗！”

卖柑的人笑着说：“我干这一行有年头了，我就靠这个养活我自己。我卖，人买，没人抱怨啊，怎么就你不满意呢？世上行骗的人多啦，哪里就我一个？你不过是没想到罢了。”

“那些佩戴虎形兵符、坐在虎皮交椅上的人，样子好威武，像是保卫城池的将才，果真有孙武、吴起的谋略吗？戴着顶大高帽子、拖着长帽带，器宇轩昂像是国家的栋梁，真的能建立伊尹、皋陶的大业吗？盗贼兴起却不知防御，百姓困顿却不知解救，官吏奸猾却不知管束，法令败坏却不知治理，白白浪费国家的俸禄却不知羞耻。看那些坐在高堂之上，骑着高头大马，沉醉在美酒之中，好东西都吃腻了的人，哪个不是高大魁伟令人敬畏，气势显赫让人想效仿？又哪个不是金玉似的外表，内里全是破絮呢？你看不到这些，却只看到我的柑子！”

我哑口无言，想不出可以回答他的话。回头想想他说的话，觉得有点像汉代东方朔之类诙谐机智的人。难道他是个对世道人心不满的人？是借柑子来讽刺现实吗？

这篇文章的标题叫《卖柑者言》，作者是明代的开国功臣刘基。原文是这样的——

杭有卖果者，善藏柑，涉寒暑不溃。出之烨然，玉质而金色。置于市，贾十倍，人争鬻之。

予贸得其一，剖之，如有烟扑口鼻，视其中，则干若败絮。予怪而问之曰："若所市于人者，将以实笾豆，奉祭祀，供宾客乎？将炫外以惑愚瞽也？甚矣哉，为欺也！"

卖者笑曰："吾业是有年矣，吾赖是以食吾躯。吾售之，人取之，未尝有言，而独不足子所乎？世之为欺者不寡矣，而独我也乎？吾子未之思也。"

"今夫佩虎符、坐皋比者，洸洸乎干城之具也，果能授孙、吴之略耶？峨大冠、拖长绅者，昂昂乎庙堂之器也，果能建伊、皋之业耶？盗起而不知御，民困而不知救，吏奸而不知禁，法斁而不知理，坐糜廪粟而不知耻。观其坐高堂，骑大马，醉醇醴而饫肥鲜者，孰不巍巍乎可畏，赫赫乎可象也？又何往而不金玉其外，败絮其中也哉？今子是之不察，而以察吾柑！"

予默默无以应。退而思其言，类东方生滑稽之流。岂其愤世疾邪者耶？而托于柑以讽耶？

同学们知道"金玉其外，败絮其中"的成语吗？它就出自这篇文章。作者通过卖柑人的话，辛辣地讥刺了那些身居高位而没有真才实干的人。文章用了"洸洸乎""昂昂乎""巍巍乎""赫赫乎"等词语，试着读读看(读原文哦），看能不能读出这些词语的味道。

国学小贴士

《诚意伯文集》

《诚意伯文集》是刘基的别集。刘基字伯温，生于1311年，1375年去世，浙江青田（今浙江文成）人。元末明初政治家、明朝开国元勋。洪武三年（1370），封诚意伯，故又称刘诚意。文集也以“诚意伯”为名。明武宗时赠太师，谥号“文成”。他也是文学家，与宋濂、高启并称“明初诗文三大家”。

跛脚小偷和他的同伙

从前，有个跛脚小偷，一条腿有残疾，但是他却很会翻墙打洞偷东西。有一天夜里，他和另外两个小偷一起到一户有钱人家偷东西。跛脚小偷爬上屋顶，把瓦片揭开，让另外两个小偷用绳子把自己放下去。他在房间里搜到值钱的东西就放在一个柜子里，然后示意两个小偷

用绳子把柜子拉上去，拿走了东西再把柜子放下来，他再放，他们再拉，来来回回拉了三次。跛脚小偷心想："这回柜子上去了，他们该不会把我留在下面吧?"于是，他便坐到了柜子里。两个小偷把柜子拉上去后，果然偷偷地商量说："值钱的东西够多了，要是把他拉上来，那还不是要给他一份? 不如随他去，不用拉他上来。"于是两人扛着柜子走了。走在荒郊野地里，其中一个人说："跛脚小偷号称会偷东西，却被我俩卖了。"另一个说："这个时候，恐怕他应该见到主人了。"两人说着哈哈大笑，开心得不得了，根本没想到跛脚小偷就藏在柜子里。过了一会儿，两个小偷累了，坐在路旁。跛脚小偷估摸着天快亮了，又听到远处屋舍有人说笑的声音，就在柜子里大喊："有盗贼打劫我!"两个小偷又吃惊又慌张，急忙逃走了。跛脚小偷拿着金银财宝回了家。

这个故事是明代文人何景明写的，收录在《大复集》第 38 卷，题为《躄盗》，原文是这样的——

有躄盗者，一足躄，善穿窬。尝夜从二盗入巨姓家，登屋翻瓦，使二盗以绳下之，搜资入之柜，命二盗系上已，复下其柜，入资上之，如是者三矣。躄盗自度曰："柜上，彼无置我去乎。"遂自入坐柜中，二盗系上之，果私语曰："资重矣，彼出必多取，不如弃去。"遂持柜行大野中，一人曰："躄盗称善偷，乃为我二人卖。"一人曰："此时将见主人翁矣。"相与大笑欢喜，不知躄盗乃在柜中，顷二盗倦，坐道上，躄盗度将曙，又闻远舍有人语笑，从柜中大声曰："盗劫我。"二盗惶讶遁去，躄盗顾乃得金资归。

三个小偷互相算计，结果还是那个跛脚小偷赢了。可惜，他的聪明也用在了歪路上。这个故事除了有趣之外，还可以让我们学学心理描写。同学们不妨把写小偷心理活动的句子画出来，想想：他们为什么会这么想？心里会有这样的想法，说明他们是怎样的人？

国学小贴士

《大复集》

《大复集》是何景明的别集。何景明出生于1483年，1521年去世，河南信阳浉河区人，字仲默，号白坡，又号大复山人，别集就是以此命名的。何景明是明代著名的"前七子"之一，与李梦阳并称文坛领袖。《大复集》38卷，其中赋3卷，诗26卷，文9卷。另有附录1卷。

婢女寒花

寒花是我妻子魏孺人的陪嫁丫头，嘉靖丁酉年五月四日，她死了，埋葬在江苏昆山县东南的一座山上。她是来伺候我的，却早早死去了，这也是命吧！

寒花刚来的时候，只有十岁，头上梳着两只环形的发髻，深绿布的裙子拖到地上。有一天，天很冷，她点火煮荸荠，熟了以后，一个个削皮，削了满满一盆。我从外面进来，看见就拿着吃，寒花端起盆子就走，不让我吃。魏孺人看着她的样子，不禁笑起来了。孺人常常让寒花在边上的矮桌吃饭，吃饭时，她的眼眶会慢慢转动，孺人指给我看，又一起笑她。

回想起那个时候，一晃竟过去了十年。唉，真是可悲啊！

这是明代文人归有光写的一篇悼文。收在《震川先生集》中，原文是这样的——

婢,魏孺人媵也。嘉靖丁酉五月四日死。葬虚丘。事我而不卒,命也夫!

婢初媵时,年十岁,垂双鬟,曳深绿布裳。一日天寒,爇火煮荸荠熟,婢削之盈瓯,予入自外,取食之,婢持去不与。魏孺人笑之。孺人每令婢倚几旁饭,即饭,目眶冉冉动,孺人又指予以为笑。

回思是时,奄忽便已十年。吁,可悲也已!

这篇文章的标题叫《寒花葬志》。寒花随嫁来到归家的时候,只有十岁。五年后,魏夫人去世。又过了四年,即明世宗嘉靖十六年(1537)五月四日,寒花也去世了,于是归有光为她写下了这篇葬志。古人为逝者写文章的很多,但为一个婢女写下文字的应该不多。但是归有光写了,不仅写了,而且写得生动而饱含感情。这不仅是因为归有光是明代唐宋派的主将,擅长清空自然的文字,也是因为文中沉浸着他对于“人”的尊重——哪怕只是一个丫头。外貌描写之外,作者只写了两件事:一是不让“我”吃荸荠,二是吃饭时特别的神态,你看到这两件生活小事有什么感觉?想想看:生活中,在什么情况下,你会护着自己的食物不让别人吃?你有没有注意到家里谁有特殊的、习惯性的表情动作?还有,作者写寒花初来时的外貌,“双鬟”用了“垂”,“深绿布裳”用了“曳”,都是特别传神的。可以和爸妈讨论一下为什么。

国学小贴士

古人对女性的特殊称呼

古人有一些对女性特殊的称呼，现在已基本不用了。比如文中的“婢”，是使女、女仆的意思，也就是服侍主人的丫头，也叫“丫鬟”。“媵”，是贵族妇女出嫁时随从的人或物，也可以指小妻（比妻低一级、比妾高一级的配偶）。“孺人”是古代官员之母或妻的封号。按照官员的等级，还有安人、宜人、恭人、令人、硕人、淑人、夫人等封号。“孺人”的等级最低，等级最高的是“夫人”。

吴山图记

吴县和长洲两个地方，都属于苏州府，只是分为两个县来治理。苏州府西面的几座山，都在吴县。它们中最高的是：穹窿、阳山、邓尉、西脊和铜井，而灵岩是当年吴国故宫所在的地方，还留有西施的遗迹。还有虎丘、剑池

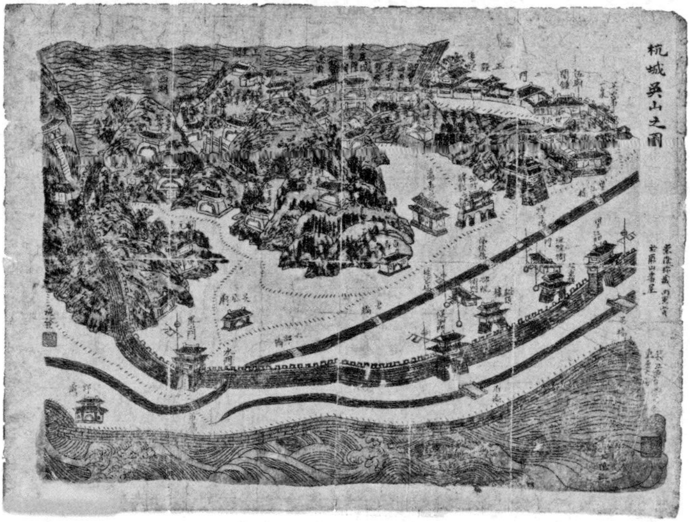

以及天平、尚方、支硎，都是名胜。太湖之水汪洋浩大，水域有三万六千顷，其中沉浸着七十二峰，真是海内奇观啊。我同年考上功名的朋友魏用晦君在吴县当县令，不到三年，因为官员考核的成绩等第非常高，朝廷把他召入京城担任给事中这个官职。魏君治理吴县有爱心，施恩惠，百姓挽留他留不下，魏君也舍不得他属下的百姓，于是有热心人画了一幅《吴山图》送给他。

县令作为一县的长官对百姓太重要了。如果县令确实贤能，他所管辖的地方，山川草木都会因为他的恩泽而欣欣向荣。假如县令不贤能，他管辖之地的山川草木也会因此而受到祸殃，蒙受耻辱。魏君对吴县山水的恩泽更是特别厚重。日后我们在山岩之间寻觅胜景，在寺庙和道观祝祷祭祀，都是合宜的。不过魏君你既然已经走了，为什么还要对这里的山川恋恋不舍啊！

当年苏轼先生表扬称韩琦韩魏公离开黄州四十多年，还想念它不能忘记，以至为此作了《思黄州》诗。苏轼先生把它刻在石头上留给黄州的百姓。于是我们知道，贤达的人到一个地方，不仅使那里的人久久不能忘怀，而且他也不会忘记那里的人的。魏君现在离开吴县已经三年了。有一天，和他一起在家中，他还拿出这幅图来，反复把玩，深深叹息，并让我写篇文章把这件事记下来。噫！魏君对吴县深情如此，又怎么能让我们的百姓忘了他呢！

这是明代散文大家归有光的一篇美文。原文是这样的——

吴、长洲二县，在郡治所，分境而治。而郡西诸山，皆在吴县。其最高者：穹窿、阳山、邓尉、西脊、铜井，而灵岩，吴之故宫在焉，尚有西子之遗迹。若虎丘、剑池及天平、尚方、支硎，皆胜地也。而太湖汪洋三万六千顷，七十二峰沉浸其间，则海内之奇观矣。余同年友魏君用晦为吴县，未及三年，以高第召入为给事中。君之为县有惠爱，百姓扳留之不能得，而君亦不忍于其民，由是好事者绘《吴山图》以为赠。

夫令之于民诚重矣。令诚贤也，其地之山川草木，亦被其泽而有荣也；令诚不贤也，其地之山川草木，亦被其殃而有辱也。君于吴之山川，盖增重矣。异时吾民将择胜于岩峦之间，尸祝于浮屠老子之宫也，固宜。而君则亦既去矣，何复惓惓于此山哉。

昔苏子瞻称韩魏公去黄州四十余年，而思之不忘，至以为《思黄州》诗；子瞻为黄人刻之于石。然后知贤者于其所至，不独使其人之不忍忘而已，亦不能自忘于其人也。君今去县已三年矣。一日，与余同在内庭，出示此图，展玩太息，因命余记之。噫！君之于吾吴有情如此，如之何而使吾民能忘之也！

写这篇文章的缘由是归有光应朋友之请。朋友魏用晦在离任的时候收到了别人送的一幅《吴山图》。三年后的一天，他拿出来和归有光一同展玩，同时请他写篇文章。这是不是也有点“命题作文”的意思？怎么写好这篇文章呢？归有光把文章分为三个部分：先写得画缘由，也就是这幅画是怎么来的；再写观画感想，也就是这幅画让作者想到了什么；最后写观画意义，也就是魏君观画这一行为蕴含着什么道理。文章的标题虽然是“《吴山图》记”，但作者并没有去写《吴山图》上到底画了些什么、是怎么画的，而是从真实的山水落笔，突出山川草木和人的关系。因为魏君县令当得好，所以人家绘《吴山图》送给他，可见一方好官连山川草木也沾染恩泽。然后再转一层，写赠画人与观画人的情感关系，赠画是百姓对官员的感激和留恋，而观画说明官员也同样对百姓眷念不忘。离任了尚且如此，在任时自然能为百姓着想了。归有光把自然山川和画中山川糅合在一起，把今人（魏君和吴县百姓）和古人（韩魏公和黄州百姓）比并，大大拓展了文章的深广度，被评为“婉转情深，笔墨在山水之外”。

这篇文章写到了很多苏州的山水名胜，至今它们仍是旅游热点。比如文中所说的“吴之故宫”，在江苏省苏州市吴县区西南的邓尉山，上面有馆娃宫、西施洞、吴王井等遗址。馆娃宫传说是吴王为西施建造的，现在的灵岩寺就是它的遗址。文中说的虎丘，相传吴王阖闾葬在那里。有机会和爸爸妈妈去苏州旅游的话，可以“脑补”一下《吴山图》哦。

国学小贴士

《震川先生集》

《震川先生集》是归有光的别集。归有光字熙甫，又字开甫，别号震川，又号项脊生，世称“震川先生”，文集因此命名。苏州府昆山县(今江苏省昆山市)人。归有光是明朝中期的散文家，他崇尚唐宋古文，是明代“唐宋派”的代表作家。散文风格朴实，感情真挚，被称为“今之欧阳修”。有人称赞他的散文为“明文第一”。与唐顺之、王慎中并称为“嘉靖三大家”。《震川先生集》有多个刻本，后经他孙子归昌世和清初文人钱谦益一起合并增益，定为40卷，正集30卷，别集10卷。另有附录1卷。

满井游记

北京一带气候寒冷，过了农历二月十二的花朝节，冬天的余寒还是挺厉害。时常刮起刺骨寒风，吹得飞沙走石。蜗居在屋子里，想出去也不行。每每试着顶风出去走走，结果呢，不到一百步就逃回来了。

廿二日那天，天气暖和了点，和几位朋友出东直门，往北三四里，到了一处景点——满井。堤岸两边都是高高的柳树，肥沃的泥土微微有点湿润，放眼望去，一片空

阔，感觉自己好像是从笼中放出来的鸟儿。这时，河面上的冰层刚开始融化，露出了亮闪闪的河水，波光粼粼，清澈见底，亮晶晶的，就好像一面新做的铜镜，镜匣一打开就有清冷的光照射出来。山峰被晴天融化的雪洗涤过了，像擦拭过一般秀美，鲜妍明媚，就像美女洗完脸刚把发髻梳好似的。柳条将要舒展还未舒展，柔软的树梢在风中飘荡，麦田里的绿苗像寸把长的兽毛。虽然游人还不是很多，但已不时能看到用泉水煮茶的，喝酒唱歌的，穿着漂亮衣裳骑驴的。风虽然还挺大，不过走着走着还是脊背冒汗了。那些在沙地上晒太阳的鸟儿，呷着水泡的鱼儿，悠然自得，飞的、走的、游的都有一种欢欢喜喜的气氛。这才知道郊外的田野不是没有春天，而是住在城里的人不觉得罢了。

不会因为游览而耽误了正事，能潇洒地游玩于山石草木之间的人，大概也就是我了。而这个地方恰好离我很近，我的游览将从这儿开始，怎么能不写点文字记录下来呢？这是己亥年的二月。

这是一篇很好的记游散文，收在《袁中郎全集》中，原文是这样的——

燕地寒，花朝节后，余寒犹厉。冻风时作，作则飞沙走砾。局促一室之内，欲出不得。每冒风驰行，未百步辄返。

廿二日天稍和，偕数友出东直，至满井。高柳夹堤，土膏微润，一望空阔，若脱笼之鹄。于时冰皮始解，波色乍明，鳞浪层层，清澈见底，晶晶然如镜之新开而冷光之乍出于匣也。山峦为晴雪所洗，娟然如拭，鲜妍明媚，如倩女之靧面而髻鬟之始掠也。柳条将舒未舒，柔梢披风，麦田浅鬣寸许。游人虽未盛，泉而茗者，罍而歌者，红装而蹇者，亦时时有。风力虽尚劲，然徒步则汗出浃背。凡曝沙之鸟，呷浪之鳞，悠然自得，毛羽鳞鬣之间皆有喜气。始知郊田之外未始无春，而城居者未之知也。

夫不能以游堕事而潇然于山石草木之间者，惟此官也。而此地适与余近，余之游将自此始，恶能无纪？己亥之二月也。

满井是明清时期北京东北角的一处游览地。那儿有一口古井，水特别满，看上去像是比井栏还高，而且一年四季都这样，所以叫“满井”。作者当时任顺天府儒学教授，是个闲职，所以能潇洒地游玩。文章对初春景色的描写很出色，你能找找，里面有几个地方用了比喻吗？

国学小贴士

《袁中郎全集》

《袁中郎全集》是袁宏道的别集。袁宏道字中郎，别集以此为名。他还字无学，号石公、又号六休。袁宏道与其兄袁宗道、弟袁中道并有才名，因为他们是荆州公安县人，所以人称“公安三袁”，其文学流派世称“公安派”。袁宏道是三兄弟中文学成就最高的，他是明代反对复古运动的主将，提出“独抒性灵，不拘格套”的文学主张，人称“性灵说”。《袁中郎全集》共 40 卷，其中文 25 卷，诗 15 卷。

其他

鲁义姑舍子救侄

从前，鲁国有一个乡下女人，我们暂且叫她鲁义姑吧。那时齐国攻打鲁国，到了鲁国的郊外，远远看见一个女人，带着两个小孩，一手抱一个，一手牵一个，艰难地走着。军队快要追上她的时候，她把抱着的孩子放下，把牵着的孩子抱起来，往山里逃。那被放下的小孩哭着跟在后面，女人却只顾走，头也不回。齐国的将领赶上来，问那个小孩："前面那个跑的是你母亲吗？"小孩回答说："是的。""那你母亲抱着的又是谁呢？"小孩说："我不知道。"齐将就去追她，士兵拉开弓箭喊道："站住，再不站住，我就射杀你了。"女人只得回来。齐将问她，抱着的孩子是谁，丢下的那个孩子又是谁。女人回答："我抱的是我哥哥的孩子，我丢弃的是我自己的孩子。眼看兵士追上来了，我没有力量保护两个孩子，所以就放弃了自己的孩子。"齐国的将领说："对母亲来说，孩子是最亲最爱的，失去儿子会多么心疼啊，现在你却丢弃他，反而抱了你哥的儿子，这是为什么？"女人说："保护我自己的孩子，这是出于私心的爱;保护哥哥的孩子,是公义。如果违背了公义而去偏心于私爱,让哥哥的孩子死了,让自己的儿子活着,就算侥幸成功,鲁国的国君不会容我,政府官员不会养我,国中的老百姓再没人会和我交往。假如这样,即使耸起肩膀也没地方可让我待着,两只脚就是叠起来,也没地方让我站下。失去孩子当然心痛,但道义不是更重要吗?所以我忍心抛下儿子而行道义,不能让人认为我们鲁国是不讲道义的。"听了这番话,齐国的将领马上让部队停止前进,派人去向齐国国君说:"鲁国是不可以征伐的。刚到边境,一个乡下女人,尚且懂得讲气节、行道义,不用私心害公义,何况朝廷上的官员们呢?请允许我撤兵吧。"齐国的国君答应了。鲁国国君听说了这件事,赐给这个女人一百匹绸缎,给了她一个"义姑姊"的称号。后来,人们就叫她"鲁义姑"了。

这个故事记载在刘向的《列女传》中,原文是这样的——

鲁义姑姊者,鲁野之妇人也。齐攻鲁至郊,望见一妇人,抱一儿,携一儿而行,军且及之,弃其所抱,抱其所携而走于山,儿随而啼,妇人遂行不顾。齐将问儿曰:"走者尔母耶?"曰:"是也。""母所抱者谁也?"曰:"不知也。"齐将乃追之,军士引弓将射之,曰:"止,不止,吾将射尔。"妇人乃还。齐将问所抱者谁也,所弃者谁也。对曰:"所抱者妾兄之子也,所弃者妾之子也。

见军之至，力不能两护，故弃妾之子。”齐将曰：“子之于母，其亲爱也，痛甚于心，今释之，而反抱兄之子，何也？”妇人曰：“己之子，私爱也。兄之子，公义也。夫背公义而向私爱，亡兄子而存妾子，幸而得幸，则鲁君不吾畜，大夫不吾养，庶民国人不吾与也。夫如是，则胁肩无所容，而累足无所履也。子虽痛乎，独谓义何？故忍弃子而行义，不能无义而视鲁国。”于是齐将按兵而止，使人言于齐君曰：“鲁未可伐也。乃至于境，山泽之妇人耳，犹知持节行义，不以私害公，而况于朝臣士大夫乎！请还。”齐君许之。鲁君闻之，赐妇人束帛百端，号曰义姑姊。

这是一个动人的故事，鲁义姑为了保护哥哥的孩子竟然舍弃了自己的亲生儿子。幸好故事的结局是圆满的，不仅两个孩子都保住了，而且使得鲁国不受侵略。很多传统戏曲中都有根据这个故事创作的作品。鲁义姑在选择舍子救侄的时候，心中就有祖国在，她觉得不能让人觉得我们鲁国是不讲道义的。这种精神多么值得我们学习呀。

国学小贴士

刘 向

刘向是个贵族。他是汉高祖刘邦异母弟刘交的后代，汉代著名学者刘歆的父亲。出生于公元前 77 年，公元前 6 年去世。字子政，原名更生，世称刘中垒。刘向对中国文化有杰出贡献。他曾奉命领校秘书，所撰《别录》是我国最早的图书分类目录。大家熟知的《楚辞》《战国策》是他编订成书的；《山海经》是他和儿子刘歆共同编订成书的。他自己也创作了《新序》《说苑》《列女传》《列仙传》等作品。

盘古开天辟地

很早很早的时候，天和地掺和在一起，模模糊糊的一团，就像一颗鸡蛋一样，盘古就生长在其中。经过了一万八千年，天和地开始分离，轻清的上升为天，重浊的下沉为地。盘古在这里面，一天发生多个变化，比天地还要神圣。那时，天每日高出一丈，地每日增厚一丈，盘古每日长高一丈，这样又过了一万八千年。天已经很高很高，地也极深极深，盘古更是极高极高。天地开辟以后才有了天皇、地皇和人皇。数是从一开始的，到三可以成立了，到五就成气象了，到七已很繁盛了，到九就停止了，所以，天离开地是九万里。

这个故事记载在由唐代文学家、书法家欧阳询与令狐德棻、陈叔达、裴矩、赵弘智、袁朗等十余人编纂的《艺文类聚》中，引的是三国时代吴国人徐整所著的《三五历纪》。《三五历纪》原书已经没有了，但在《艺文类聚》等书中还能看到它的一部分内容。原文是这样的——

天地混沌如鸡子，盘古生其中，万八千岁，天地开辟，阳清为天，阴浊为地。盘古在其中，一日九变，神于天，圣于地。天日高一丈，地日厚一丈，盘古日长一丈，如此万八千岁。天数极高，地数极深，盘古极长。后乃有三皇。数起于一，立于三，成于五，盛于七，处于九，故天去地九万里。

这是一个创世神话，也就是人们关于世界是怎么来的想象。古人觉得天和地一开始应该是模糊成一团的，慢慢才分开，有了在上的天和在下的地。有趣的是，古人想象在这片混沌中还有个人，他叫盘古，是个高大的巨人。另外有记载说，因为他高大，所以是他渐渐地把天和地撑开了，他还用斧子把最后一点连接的地方也劈开，这才有了天地。开天辟地之后，盘古死去了，但他的身体发生了奇妙的变化：他的左眼变成了太阳，右眼变成了月亮，头发和胡须成了星辰。他的身体变成了一座座高山，血液成了一条条江河，筋脉成了地上的条条道路。他的肌肉成了土地，皮毛成了草木，牙齿和骨头成为金属和石头，精髓成了珠宝玉石。他流的汗成了雨水，寄生在他身上的各种生物，随风而变化，成了百姓。一个我们所熟悉的世界就这样出现了。所以，我们把盘古奉为开天辟地的英雄，现在还有盘古墓、盘古山、盘古庙，等等。这个故事里还有古人对于数的一些认识。你能根据这里的叙述，说出几个关于数字的成语吗？至少要三个哦。

国学小贴士

类 书

在“经、史、子、集”四部中，还有一些书没有包括在里面，比如说类书。类书是我国古代一种大型的资料性书籍。它会把各种书中的材料都收集其中，按照门类，或者按照音序等编排，方便查询。上面提到的《艺文类聚》，就是官方组织编纂的类书。另外还有《太平御览》《古今图书集成》等，都是中国古代非常重要的类书。

匡衡读书

从前有个叫匡衡的人，字稚圭，他很喜欢读书，白天读，晚上也读。可是，他穷得连蜡烛也买不起，晚上想看书可成了难事。他邻居家倒是有蜡烛，但烛光也照不到他家呀，于是匡衡就在墙壁上打了一个洞，让邻居家蜡烛的光亮透过来，他就借着这点透过来的光线读书。乡里有个大户人家，非常富有，家里藏了好多书，匡衡就到他们家去做帮工，声明不要工钱。主人感到很奇怪，问他说："你这是为什么呢？"匡衡回答说："我只希望您能允许我读遍您家的书。"主人很是感叹，就把书都给他读，于是匡衡就成了一个很有学问的人。

匡衡把《诗经》研究得很透，能解说得头头是道。因为这本诗歌集在当时就是经典著作。人们为这事还编了几句顺口溜："无说《诗》，匡鼎来。匡说《诗》，解人颐。"大意是说，可别说《诗经》，要说《诗经》，那就得等匡衡来——"鼎"是匡衡的小名。匡衡说起《诗经》来，保证让你的脸上露出笑容。当时人们对匡衡就敬佩到这种地步。听过他解说《诗经》的人都笑逐颜开的。匡衡有个同乡，也是研究《诗经》的，匡衡就去找他，和他讨论，提出疑问。那人哪里招架得住？完全被匡衡所折服，从坐席上站起来，连鞋子都来不及转过来，倒穿着就走了。匡衡追着他说："先生不要走，请听我说，我们再把前面说的讨论讨论。"那人说："我无话可说啦。"头也不回地走了。

这个故事记载在晋代文人葛洪的《西京杂记》里，原文是这样的——

> 匡衡，字稚圭，勤学而无烛。邻居有烛而不逮，衡乃穿壁引其光，以书映光而读之。邑人大姓文不识，家富多书，衡乃与其佣作而不求偿。主人怪问衡，衡曰："愿得主人书遍读之。"主人感叹，资给以书，遂成大学。
>
> 衡能说《诗》，时人为之语曰："无说《诗》，匡鼎来。匡说《诗》，解人颐。"鼎衡小名也。时人畏服之如是，闻者皆解颐欢笑。衡邑人有言诗者，衡从之，与语质疑。邑人挫服，倒屣而去。衡追之，曰："先生留听，更理前论。"邑人曰："穷矣。"遂去不返。

这个匡衡，生活在西汉，汉元帝的时候做到宰相，是个大官。他年轻时"凿壁偷光"的事迹，和"囊萤""映雪""燃藜""悬梁刺股"等一样，都是中国古代著名的苦读故事。同学们是否知道这些故事呢？如果不知道，可以让爸爸妈妈讲一讲。我们现在的学习条件比他们好多了，但我们有没有像他们一样的好学、刻苦呢？

国学小贴士

《西京杂记》

《西京杂记》原题汉代刘歆作，后来经过考证，认定为晋代人葛洪作。“西京”就是汉代的京都长安。集子里记载的故事有的流传很广，比如王昭君不肯贿赂画工，导致远嫁匈奴；卓文君闻听司马相如要娶妾，作《白头吟》等。内容比较芜杂，其中也有一些比较荒诞的传说。

宋定伯捉鬼

很久以前，南阳又叫宛市。那里有一个叫宋定伯的人，胆子特别大。有一天他走夜路遇到了鬼。宋定伯问：“你是谁呀？”鬼回答说：“我是鬼，你又是谁？”宋定伯机智地说：“我也是鬼呀。”鬼问他：“你这是要去哪里呀？”宋定伯说：“我要去宛市。”鬼说：“巧得很，我也要去宛市。”于是他们两个就结伴一起走。

走了几里路后，鬼对宋定伯说：“这样走路太累了，不如咱俩轮流背着走吧。”宋定伯高兴地说：“这个主意太好了。”鬼就先背着宋定伯走。走了几里路，鬼感觉不对劲，有点怀疑地问宋定伯：“你怎么那么重啊，鬼都是很轻的，莫非你不是鬼？”宋定伯说：“我刚刚死，还是个新鬼呢，身体重很正常啊，你不用感到奇怪，以后慢慢就变轻了。”鬼对宋定伯的话半信半疑。宋定伯背鬼的时候，发现鬼的身体很轻，背在身上几乎没有什么重量。

他俩互相背了几次以后，宋定伯问鬼：“我是新鬼，鬼的很多规矩我都不懂，你能不能告诉我，鬼怕什么呢？”鬼对宋定伯说:“鬼嘛,别的没什么好怕的,就是害怕人朝我们吐唾沫。”

到了河边,宋定伯让鬼先过河。鬼过河的时候,一点声音都听不到。可是,宋定伯自己过河的时候,就有“哗哗”的蹚水声。鬼又起了疑心,问宋定伯:“鬼过河的时候都没有声音,为什么你过河的时候有蹚水的声音?”宋定伯赶紧解释说:“我是一个新鬼,还没有学会鬼过河的本领,你可不要感到奇怪。”鬼也就不再追究下去了。

他俩快到宛市的时候,宋定伯把鬼背到肩膀上,双手从后面牢牢地扣住了他。鬼在宋定伯肩上挣扎着,却怎么都动弹不了,急得发出“咋咋”的怪叫声,央求宋定伯把他放下来。宋定伯才不听他的呢!宋定伯急急忙忙地把鬼背到宛市,才放到地上。这时天已经亮了,鬼没办法就变成了一只羊。宋定伯决定把羊拉到市场上卖了,又害怕它重新变回鬼的样子,就朝着羊身上吐唾沫。最后经过讨价还价,这只羊卖了一千五百钱,宋定伯拿着钱兴高采烈地走了。

有个叫石崇的人知道了这件事,很佩服宋定伯的勇气和智慧,就四处宣扬说:“宋定伯卖鬼得了一千五百钱。”

这个故事记载在干宝的《搜神记》中,原文是这样的——

南阳宋定伯,年少时,夜行逢鬼。问曰:“谁?”鬼曰:“鬼也。”鬼曰:“汝复谁?”定伯诳之,言:“我亦鬼。”鬼问:“欲至何所?”答曰:“欲至宛市。”鬼言:“我亦欲至宛市。”遂行数里。鬼言:“步行太亟,可共递相担也。”定伯曰:“大善。”鬼便先担定伯数里。鬼言:“卿太重,将非鬼也?”定伯言:“我新鬼,故身重耳。”定伯因复担鬼,鬼略无重。如是再三。定伯复言:“我新鬼,不知鬼悉何所畏忌?”鬼答言:“惟不喜人唾。”于是共行。道遇水,定伯令鬼先渡,听之,了然无声音。定伯自渡,漕漼作声。鬼复言:“何以作声?”定伯曰:“新鬼,不习渡水故耳,勿怪吾也。”行欲至宛市,定伯便担鬼着肩上,急持之。鬼大呼,声咋咋然,索下。不复听,径至宛市中下,着地化为一羊。便卖之,恐其变化,唾之。得钱千五百,乃去。于时石崇言:“定伯卖鬼,得钱千五百文。”

现代科学告诉我们,世界上并不存在鬼神。可是,古代的人却很相信。有趣的是,他们相信有鬼,但并不一定怕鬼。你瞧,宋定伯还敢和鬼斗智呢。可见,即使遇到了可怕的事情,只要沉着机智,就可以取胜。

国学小贴士

《搜神记》

《搜神记》是晋代干宝编写的一部志怪故事集。干宝自己说,他写这些故事是为了“发明神道之不诬”,也就是他想要证明鬼神是确实存在的。《搜神记》里面大部分是鬼怪故事,也有一些民间传说。虽然我们不相信鬼怪的存在,但从这些故事中,还是可以读到很多有意思的东西。这本书对后世的影响也很大,模仿它的作品也很多。《搜神记》的原书已无存,现在我们看到的是从《太平御览》等书辑录而成的。

李寄斩蛇

汉初有个小国叫东越，国中有个地方，秦代时叫闽中，在今天的福建省境内。闽中有座大山，叫庸岭，非常非常高。山的西北面有一处低洼的湿地，那里有一条大蛇。那蛇好长啊，蛇身有七八丈。蛇身那个粗啊，两只手一起量，也要量十多次呢。当地人都怕它。东越国都城东冶管理军事的长官，还有所属县城的长官，很多就因为处理不好这件事丢了官，送了命。人们没办法，用牛羊来作供品祭祀，还是不得太平。大蛇有时托梦给人，有时告诉那些自称能与鬼神沟通的人，要吃年龄在十二三岁的女孩。大大小小的官员都觉得这件事很头疼，但大蛇仍是气焰嚣张。官员们只得把奴隶或者罪犯家里的女孩养起来，到了八月初一祭祀的时候，送到蛇洞口，大蛇就出来吃了她。年年如此，已经吃了 9 个女孩了。这年，又开始预先寻求女孩了，一下子没找到。将乐县有个叫李诞的人，家里有 6 个女孩，没有男孩。他的小女儿名叫李寄，听说征集女孩，就想要去。父母不让她去。李寄就偷偷地去报了名，劝都劝不住。

李寄请求要一把好的剑，还要一只咬蛇的狗。八月初一那天，她走到庙中坐着，牵着狗，怀揣着宝剑。事先，她蒸了好多米团，用蜜和炒麦粉拌和，放在蛇洞口。蛇出来了，头有谷囤那么大，眼睛像两面直径两尺的大镜子。闻到米团的香味，蛇先去吃米团。李寄趁机放出狗来，狗冲上去咬蛇，李寄在后面挥舞宝剑，连连砍杀。蛇痛极了，猛地蹦出来，跳到洞前的空地上，死了。李寄跑进洞去，找到先前那 9 个女孩的髑髅，把它们都拿出洞来，感叹说："你们太软弱啦，结果被蛇吃了，太可怜了！"于是，李寄就慢慢地走回家了。

这个故事记载在干宝的《搜神记》里，原文是这样的——

东越闽中有庸岭，高数十里，其西北隰中有大蛇，长七八丈，大十余围。土俗常惧。东冶都尉及属城长吏，多有死者。祭以牛羊，故不得福。或与人梦，或下谕巫祝，欲得啖童女年十二三者。都尉、令、长并共患之。然气厉不息。共请求人家生婢子，兼有罪家女养之。至八月朝祭，送蛇穴口，蛇出吞啮之。累年如此，已用九女。尔时预复募索，未得其女。将乐县李诞，家有六女，无男。其小女名寄，应募欲行。父母不听。寄自潜行，不可禁止。

寄乃告请好剑及咋蛇犬。至八月朝，便诣

庙中坐,怀剑将犬。先将数石米餈,用蜜麨灌之,以置穴口。蛇便出,头大如囷,目如二尺镜,闻餈香气,先啖食之。寄便放犬,犬就啮咋,寄从后斫得数创。疮痛急,蛇因踊出,至庭而死。寄入视穴,得九女髑髅,悉举出,咤言曰:“汝曹怯弱,为蛇所食,甚可哀愍!”于是寄乃缓步而归。

李寄这个勇敢的女孩,不仅胆大,而且心细。她决定去杀蛇的时候,就已经把怎么对付蛇想好了,并不是冒冒失失地去送死。这是不是很值得我们学习?这个故事写得也很动人。有开端,有发展,有高潮,还有结局。开端是大蛇的凶猛和官员的无能,以及已经有 9 个女孩被吃掉的事实;发展是李寄主动要求去喂蛇;高潮是李寄勇敢地杀死了大蛇;结局是李寄举着 9 个女孩的骷髅,感叹她们的懦弱。这样来写一件事,线索很清楚,也容易引人入胜,写作文的时候可以学习哦。

国学小贴士

志怪故事

在白话小说出现之前,古人是用文言来写小说的。也有人觉得,那些作品和现代意义上的小说不尽相同,所以把它们称为“故事”。这类故事在晋代出现得比较多,被分为两个大类:一类是写人的,称为“志人故事(小说)”;另一类是写鬼怪的,称为“志怪故事(小说)”。干宝的《搜神记》就是志怪故事的代表作。

田螺姑娘

晋安帝时，福建侯官这个地方有一个叫谢端的男子，他很早就父母双亡，也没有亲戚，邻居们把他抚养长大。长到十七八岁，为人恭敬勤谨，规规矩矩，从不做非法的事。他刚开始自立门户，还没有娶妻。邻居们都惦念着他，想着要为他娶一房媳妇，一下子也没找到合适的。谢端每天起早贪黑，努力耕作，白天黑夜的时间都不浪费。

有一天，他在镇上捡到一个大田螺，像个可以盛三升酒的容器。他觉得很特别，就把它带回家，放在水缸中养着。接连十几天，谢端每天从田里回来，发现家里总是有热汤热饭，像是有人专门替他做的。他以为又是邻居们在照顾他。这样过了几天，谢端就去向邻居们道谢。邻居说："我们又没做什么，为什么要谢我们？"谢端觉得大概邻居故意那样说，但几次都这样，他就干脆挑明了。邻居笑着说："你自己娶了媳妇，偷偷藏在家里，为你做饭，怎么倒说是我们为你做饭呢？"谢端嘴上不说什么，心里却很疑惑，也不知是什么缘故。

后来他故意在鸡叫头遍的时候就出去，天刚亮又悄悄回来，从篱笆外偷偷往里看，只见一个少女，从水缸中出来，到灶下点火。谢端就进门，径直走到水缸边去看那只田螺，却只看见一个空壳。他就到灶下问那女孩："新媳妇从什么地方来的？却在这里替我做饭？"女孩非常惊慌，想要回到水缸中去，却又回不去，只得回答说："我是银河的白水素女。天帝可怜你是个孤儿，能恭谨审慎自守节操，所以叫我来暂且为你看家做饭。十年当中，让你成为巨富。等你有了钱，娶了妻，我就回去了。现在你突然偷看，我的真相已经暴露，不能再留，要离你而去了。这样，你以后的日子就要稍微差一点，要勤谨耕作，捕鱼打柴为生。我把这个壳留给你，用它来储米，可以经常不缺吃的。"谢端百般挽留，她怎么也不肯。这时忽然风雨大作，女孩一下子就不见了。

这个故事出自托名陶潜的《搜神后记》，原文是这样的——

谢端，晋安帝时侯官人也。少丧父母，无有亲属，为邻人所养。至年十七八，恭谨自守，不履非法。始出居，未有妻，邻人共愍念之，规为娶妇，未得。端夜卧早起，躬耕力作，不舍昼夜。

后于邑下得一大螺，如三升壶。以为异物，取以归，贮瓮中畜之。十数日，端每早至野还，见其户中有饭饮汤火，如有为人者。端谓邻人为之惠也。数日如是，便往谢邻人。邻人曰：

“吾初不为是，何见谢也？”端又以邻人不喻其意，然数尔如此，后更实问，邻人笑曰：“卿已自取妇，密著室中炊爨，而言吾为之炊耶？”端默然心疑，不知其故。

后以鸡鸣而出，平早潜归，于篱外窃窥其家，见一少女，从瓮中出，至灶下燃火。端便入门，径至瓮所视螺，但见壳，乃至灶下问之曰：“新妇从何所来，而相为炊？”女大惶惑，欲还瓮中，不能得去，答曰：“我天汉中白水素女也。天帝哀卿少孤，恭慎自守，故使我权为守舍炊烹。十年之中，使卿居富得妇，自当还去。而卿无故窃相窥掩。吾形已见，不宜复留，当相委去。虽然，尔后自当少差，勤于田作，渔采治生。留此壳去，以贮米谷，常可不乏。”端请留，终不肯。时天忽风雨，翕然而去。

这是一个流传很广的故事，很多小朋友都听妈妈讲过，却没想到这个故事那么早就有了。田螺姑娘来帮助谢端是有原因的，因为他“恭慎自守”，也就是品行端正。好人才有好报，这是老百姓普遍的信仰。它也教育我们要老老实实、规规矩矩地做人。

国学小贴士

《搜神后记》

《搜神后记》是一部志怪故事集。从名称就可以看出，作者是受《搜神记》的影响而创作的。当时写的作者是陶潜，也就是陶渊明。但人们发现，书中有些事情，明明是陶渊明死后才发生的，所以陆逊等人都认为作者应该是六朝的某个文人，假托了陶渊明的名字。

聪明孩子

有客人来拜访陈太丘，要在他家住宿，陈太丘让大儿子元方、小儿子季方做饭给客人吃，自己便和客人一起高谈阔论。元方和季方点上火后，都把烧饭的事搁在一边，而去偷听客人的谈话。那时人们做饭是蒸的，锅里烧上开水，把筷子搁在锅沿上，再铺上用劈成一条条的薄竹片编成的垫子，然后把在水里烧煮过的米放在篾(miè)垫上蒸熟。两个孩子听大人说话听得入神，忘了搁筷子和铺垫子，米粒就全在锅里了。陈太丘责问他们说："做饭怎么不蒸呢？"元方、季方跪在地下说："父亲大人和客人谈话，我们一起偷听，烧饭忘了放筷子和篾垫，现在米饭成了粥了。"陈太丘说："你们听了半天，有记得的么？"两个孩子回答说："大概都能记下来。"弟兄俩一起开口，还不时抢着说，竟没有一句遗漏的。陈太丘很高兴，说："聪明成这样，有粥就行了，何必还要什么饭啊？"

司空顾和与当时的贤达一起清谈。顾和的外孙张玄之、孙子顾敷，都只有七岁，在坐席边上玩耍。那时对大人说的话，他们好像也并不怎么关心。后来点上灯，两个孩子闭着眼睛一应一和地模仿主人和客人的对话，竟然一句都不遗漏。顾和兴奋地离开座位，拉着他们的耳朵说："真想不到，我们败落的家族竟然还生出这样的宝贝！"

这两个故事都记载在《世说新语》的"夙慧"篇里，原文是这样的——

> 宾客诣陈太丘宿，太丘使元方、季方炊。客与太丘论议，二人进火，俱委而窃听。炊忘著箅（bì），饭落釜（fǔ）中。太丘问："炊何不馏（liú）？"元方、季方长跪曰："大人与客语，乃俱窃听，炊忘著箅，饭今成糜（mí）。"太丘曰："尔颇有所识不？"对曰："仿佛志之。"二子俱说，更相易夺，言无遗失。太丘曰："如此，但糜自可，何必饭也！"
>
> 司空顾和与时贤共清言。张玄之、顾敷是中外孙，年并七岁，在床边戏。于时闻语，神情如不相属。瞑于灯下，二儿共叙客主之言，都无遗失。顾公越席而提其耳曰："不意衰宗复生此宝！"

高年级的同学已经在课文中学过"陈太丘与友期"的故事了。陈太丘名叫陈寔，因为曾经在太丘——也就是今天河南省永城县西北的地方做过行政长官，所以人们叫他"陈太丘"。"陈太丘与友期"说的是陈寔的长子元方小小年纪就口齿伶俐、懂得是非曲直的故事。上面这两个故事，也是说小孩聪明，所谓“夙慧”，就是小时候就聪明的意思。我们在故事里看到，不仅小孩聪明，大人也很明智，并没有因为他们没做好饭就不分青红皂白地一顿训斥呢。和爸爸妈妈一起读读这个故事，爸爸妈妈当然希望你们像故事里的孩子一样聪明，你们是否也希望爸爸妈妈像陈太丘那样不苛责呢？

国学小贴士

《世说新语》

《世说新语》简称《世说》，作者是南朝宋临川王刘义庆。分德行、言语、政事、文学等36门，着重记载魏晋时代士大夫的言谈、轶事，语言简练生动，对后世笔记小说影响很大，后世仿作的很多。为“志人故事”的代表作。

太阳和长安哪个远

司马绍(就是后来的晋明帝)才几岁的时候,坐在父亲晋元帝的膝盖上玩。有人从长安来,元帝就向他打听洛阳的情况。洛阳是西晋的都城,晋元帝为琅邪王的时候,就住在洛阳。他的好友王导看到社会很动荡,知道要天下大乱了,就劝他来镇守建康(今天的南京),想要经营一个复兴帝室的基地。他们就是这样才来到建康的。听着听着,晋元帝伤心地流下了眼泪。晋明帝问父亲:“什么事让您伤心得哭了呢?”晋元帝就把过江来的原委一五一十地告诉了他。然后就问晋明帝:“你看长安和太阳相比,哪个离我们更远呢?”晋明帝回答说:“太阳远。刚才那人是从长安来的,可从来没有听说过有人从太阳那边来,可见是太阳远啦。”几岁的小孩竟能说出这样的话,晋元帝感到很惊奇。第二天,故意把大臣们都召来,在酒席上,把晋明帝如此这般说话的事告诉大家,并高兴地把晋明帝叫过来,当场再问他一遍,说:“你看长安和太阳相比,哪个离我们更远呢?”没想到,晋明帝却回答说:“太阳近。”这下，晋元帝可就狼狈了，急忙说：“你怎么和昨天说的不一样了呢？”晋明帝不慌不忙地回答说：“你看，我们抬起头就能看见太阳，可是看不见长安啊。”

这个故事记载在南朝刘义庆的《世说新语》里。它的原文是这样的——

晋明帝数岁，坐元帝膝上。有人从长安来，元帝问洛下消息，潸然流涕。明帝问何以致泣，具以东渡意告之。因问明帝：“汝意谓长安何如日远？”答曰：“日远。不闻人从日边来，居然可知。”元帝异之。明日，集群臣宴会，告以此意，更重问之。乃答曰：“日近。”元帝失色，曰：“尔何故异昨日之言邪？”答曰：“举目见日，不见长安。”

很多同学都知道“两小儿辩日”的故事，这里又是一个关于太阳和我们的距离的故事。古人对自然和物理的了解比较少，很多现象都只是知其然而不知其所以然。但人总是有好奇心的，于是他们也会思考，也会争辩。如果抓住这些相互矛盾的现象，认真探究，甚至制造一些工具来帮助自己探明真相，那就是科学了。你有没有对身边的某个现象产生过好奇并且想知道究竟的？去发现吧。如果能发现问题并解决问题（可以在大人的帮助下），那就不仅是语言上的收获了。

国学小贴士

刘义庆

刘义庆字季伯，出生于公元 403 年，公元 444 年去世，只活了 40 多岁。他是彭城（今江苏省徐州市）人，是个贵族。他是南朝宋武帝刘裕的侄子，长沙景王刘道怜的第二个儿子，他的另一位叔叔临川王刘道规没有儿子，就以刘义庆为嗣，袭封南郡公，永初元年（420）封临川王。他雅好史学和文学，著有《后汉书》《徐州先贤传》《江左名士传》和《世说新语》等。

旗亭画壁

唐代开元年间，诗人王昌龄、高适和王之涣，名气差不多。当时他们都还没有做官，常一起交游。

一个寒冷的冬天，飘着小雪，三人一起到酒店喝酒驱寒。忽然，一群掌管音乐的官员，有十几个人，上楼来宴饮。三位诗人于是躲到一边，围着火炉烤火，一面看着他们。

不一会儿，陆续来了四个漂亮的歌女，打扮得花枝招展，非常华丽。一会儿奏起乐来，都是当时的名曲。王昌龄等私下里说："我们几个都有诗名，但总是不能确定谁是最好的。现在，可以悄悄地听那些歌女唱歌，看谁的诗被唱得最多，谁就最优秀。"

一个歌女和着节拍唱道："寒雨连江夜入吴，平明送客楚山孤。洛阳亲友如相问，一片冰心在玉壶。"王昌龄用手在墙壁上划了一道，说："我的一首绝句！"接着又一歌者唱道："开箧泪沾臆，见君前日书。夜台何寂寞，犹是子云居。"高适就在壁上划了一道，说："我的一首绝句！"

接着又一歌女唱道:“奉帚平明金殿开,且将团扇共徘徊。玉颜不及寒鸦色,犹带昭阳日影来。”王昌龄又在墙上划了一道,说:“我两首了!”王之涣自己觉得出名很久了,就对众人说:“这些都是潦倒的家伙,唱的都是下里巴人,不上台面的!阳春白雪的曲子,这种俗人怎么敢唱呢?”于是指着众歌伎中最漂亮的说:“待会儿这个人唱,假如不是我的诗,我就终生不敢和你们争高下了!如果是我的诗,你们都应当朝我下跪,拜我为师!”

三人说说笑笑着等。不一会儿,轮到那个梳着一对发鬟的歌女唱了,开口道:“黄河远上白云间,一片孤城万仞山。羌笛何须怨杨柳,春风不度玉门关。”王之涣立刻揶揄二人说:“乡下人!我哪有说错?”三人忍不住大笑起来。那些人不知道是什么缘故,都起身问:“不知你们这几位郎君,为什么笑成这样?”王昌龄等人就把事情告诉了他们。那些乐官争着和他们打招呼,说:“俗眼不认识神仙,您就迁就一下,到我们的宴席上来吧!”三人答应了,整整喝了一天的酒。

这个故事记载在唐代薛用弱的《集异记》中,原文是这样的——

开元中,诗人王昌龄、高适、王之涣齐名。时风尘未偶,而游处略同。

一日,天寒微雪,三人共诣旗亭,贳酒小饮,忽有梨园伶官十数人,登楼会宴。三诗人因避席偎映,拥炉火以观焉。

俄有妙妓四辈，寻续而至，奢华艳曳，都冶颇极。旋则奏乐，皆当时之名部也。昌龄等私相约曰："我辈各擅诗名，每不自定其甲乙。今者，可以密观诸伶所讴，若诗人歌词之多者，则为优矣。"

俄而，一伶拊节而唱曰："寒雨连江夜入吴，平明送客楚山孤。洛阳亲友如相问，一片冰心在玉壶。"昌龄则引手画壁曰："一绝句！"寻又一伶讴之曰："开箧泪沾臆，见君前日书。夜台何寂寞，犹是子云居。"适则引手画壁曰："一绝句！"寻又一伶讴曰："奉帚平明金殿开，且将团扇共徘徊。玉颜不及寒鸦色，犹带昭阳日影来。"昌龄则又引手画壁曰："二绝句！"涣之自以得名已久，因谓诸人曰："此辈皆潦倒乐官，所唱皆巴人下里之词耳！岂阳春白雪之曲，俗物敢近哉？"因指诸妓之中最佳者曰："待此子所唱，如非我诗，吾即终身不敢与子争衡矣！脱是吾诗，子等当须列拜床下，奉吾为师！"

因欢笑而俟之。须臾，次至双鬟发声，则曰："黄河远上白云间，一片孤城万仞山。羌笛何须怨杨柳，春风不度玉门关。"涣之即揶揄二子，曰："田舍奴！我岂妄哉？"因大谐笑。诸伶不喻其故，皆起诣曰："不知诸郎君，何此欢噱？"昌龄等因话其事。诸伶竞拜曰："俗眼不识神仙，乞降清重，俯就筵席！"三子从之，饮醉竟日。

这个有趣的故事中，提到很多古诗，请你把它们找出来，看看你能背出几首。可以和爸爸妈妈来个竞赛哦。

国学小贴士

《集异记》

在古代文学中，有两本《集异记》，一本是南朝宋郭季产所作的志怪小说，另一本是唐代薛用弱所作的传奇专集。这里的“传奇”指用文言写的类似短篇小说的笔记。薛用弱的《集异记》主要写的隋唐两代文人的奇闻异事。

送信的燕子

从前，长安有个名叫郭行先的豪富之士，他有个女儿，叫绍兰，嫁给了大商人任宗。任宗在湖南湘水一带做生意，一连好几年不回家，而且连封书信也没有。绍兰看到堂上有一对燕子在房梁上嬉戏，便长叹了一口气，对燕子说："我听说燕子是从海东来，往返一定会经过湘水。我夫婿离家不归几年了，没一点儿音信，是死是活都不知道，我想请你带封信给我夫婿。"说着，流下了眼泪。燕子鸣叫着，上下翻飞，像是在答应她。绍兰就又说："如果你能答应我，就停到我的怀中来。"燕子就飞过来，停到了她的膝盖上。绍兰吟了一首诗，大意是说：我的夫婿去了远方，在窗边流着眼泪写下这封信。我很热切地希望借助燕子的翅膀，把它寄给我那薄情的夫君。绍兰把字写得小小的，系在燕子的脚上，燕子就叫着飞走了。

任宗当时在荆州，突然看见一只燕子在厅上鸣叫着，飞来飞去。他觉得有点奇怪，便盯着它看，燕子居然停到了他的肩上。仔细一瞧，它脚上缚着小小的一封书信。

任宗把它解下来看，竟然是妻子寄给自己的诗。他非常感动，流下了热泪。燕子鸣叫着飞走了。

任宗第二年就回了家乡，一到家马上拿出诗来给绍兰看。后来有个叫张说的文人把这事传扬开去，好事的人把它写了下来。

这个故事记载在《开元天宝遗事》中，原文是这样的——

长安豪士郭行先，有女子绍兰，适巨商任宗，为贾于湘中，数年不归，复音书不达。绍兰目睹堂中有双燕戏于梁间，兰长吁而语于燕曰："我闻燕子自海东来，往复必经由于湘中。我婿离家不归，数岁蔑有音耗，生死存亡，弗可知也，欲凭尔附书投于我婿。"言讫泪下，燕子飞鸣上下，似有所诺。兰复问曰："尔若相允，当泊我怀中。"燕遂飞于膝上。兰遂吟诗一首云："我婿去重湖，临窗泣血书。殷勤凭燕翼，寄与薄情夫。"兰遂小书其字，系于足上，燕遂飞鸣而去。任宗时在荆州，忽见一燕飞鸣于厅上，宗讶视之，燕遂泊于肩上，见有一小封书系在足上。宗解而视之，乃妻所寄之诗。宗感而泣下，燕后飞鸣而去。宗次年归，首出诗示兰。后文士张说传其事，而好事者写之。

古人常说"鱼雁传书"，是说可以把书信藏在鱼肚子里，让人捎给远方的亲人；也可以把信系在雁足上，让大雁当信使。而上面这个故事告诉我们：不仅大雁可以送书信，连小燕子也能当信使呢。和我们现在的通信便利程度相比，古人真是不容易啊。不过，因为艰难，才有“家书抵万金”的感慨。有时你不妨也试着给爸爸妈妈写封信，他们也会非常感动呢。

国学小贴士

《开元天宝遗事》

《开元天宝遗事》简称《开天遗事》，作者是五代时的王仁裕。开元和天宝是唐玄宗在位时的年号，可见书里写的是那个时候的事情。作者采集民间关于唐明皇时期的遗事笔录而成，是一本笔记小说。

过新年

年三十那天，皇城中要举行盛大的驱鬼仪式。皇城中操办具体事务的官员，还有御前禁卫们都戴上假面具，穿上五彩绣花的衣服，手里拿着金枪、龙旗。主管教坊的官员孟景初，身材高大魁梧，套上全副镀金的铜铠甲，装扮成将军；两个镇殿将军，也套上铠甲，装扮成门神；教坊里的南河炭，面貌丑恶，身材肥大，装扮成判官；还有人装扮成打鬼的神钟馗和钟馗小妹（民间有钟馗嫁妹的传说），还有土地神、灶神等，总共有一千多人。从皇城中出来，一路驱赶鬼祟，出南薰门外转龙弯，叫作“埋祟”，也就是把鬼埋了，然后结束。这天夜里，皇城中的鞭炮响得跟山崩似的，声音一直传到外面。读书人和一般百姓，都围着炉火团团坐着，通宵达旦不睡，叫作守岁。

正月一日过年，开封府解除禁赌令三天。士人百姓一早就互相庆贺，街坊用食物、日常用品、果实、柴炭等物件，吆喝着博彩赌胜。如马行潘楼街、州东宋门外、州西梁门外踊路、州北封丘门外及州南一带，都搭建了彩棚，陈列着帽子、梳子、珠翠、头饰、衣着、花朵、衣领上的装饰、靴鞋、各色玩意儿，有的地方还有舞场歌馆，车水马龙，非常热闹。到了晚上，有钱人家的妇女也来发赏钱博彩头，进场去观看，到街市上的酒店去饮宴，习以为常，成了风气，不会被嘲笑，也没人感到惊讶。还有寒食、冬至，三个节日都是如此。小民百姓即使不富裕，也要穿上新的、干净的衣服，拿着酒杯互相应酬，祝贺新年。

这段记载在《东京梦华录》里，原文是这样的——

至除日，禁中呈大傩仪，并用皇城亲事官、诸班直戴假面，绣画色衣，执金枪龙旗。教坊使孟景初身品魁伟，贯全副金镀铜甲，装将军；用镇殿将军二人，亦介胄装门神；教坊南河炭丑恶魁肥，装判官；又装钟馗、小妹、土地、灶神之类，共千余人。自禁中驱祟，出南薰门外转龙弯，谓之埋祟而罢。是夜禁中爆竹山呼，声闻于外。士庶之家，围炉团坐，达旦不寐，谓之守岁。

正月一日年节，开封府放关扑三日。士庶自早互相庆贺，坊巷以食物、动使、果实、柴炭之类，歌叫关扑。如马行、潘楼街，州东宋门外，州西梁门外踊路，州北封丘门外，及州南一带，皆结彩棚，铺陈冠梳、珠翠、头面、衣着、花朵、领抹、靴鞋、玩好之类，间列舞场歌馆，车马交驰。向晚，贵家妇女纵赏关赌，入场观看，入市店饮宴，惯习成风，不相笑讶。至寒食冬至三日亦如此。小民虽贫者，亦须新洁衣服，把酒相酬尔。

过春节是中国人的盛大节日，你想不想知道古人是怎么过新年的呢？不过，这个问题有点复杂。因为我们的祖国那么大，历史那么悠久，各个时代、各个地方，过年的习俗都不太一样。上面，我们是通过宋代孟元老的《东京梦华录》，看到了宋代的东京（其地域基本是今天的河南开封）是怎么过年的。

读完之后，你能告诉我们你们家是怎么过年的吗？试着把它写出来。

国学小贴士

《东京梦华录》

《东京梦华录》的作者是南宋的孟元老。这里说的"东京"就是北宋的都城汴京，也就是今天的河南开封。孟元老原来就住在汴京。他是在南宋时期写成这本书的。主要记载的是汴京的城市面貌、岁时物产、风土习俗等，对北宋城市的经济生活和市民文化娱乐生活有生动的表现。

中秋和重阳

中秋节前，各家店铺都卖新酒，门面重新装修，张灯结彩，画竿上装饰着花球，锦旗上画着醉仙。市民们争相饮酒，往往还不到中午，酒家的酒就已经卖完了，连酒招都取了下来。那时，螃蟹刚有，石榴、榅桲、梨、枣、栗、葡萄、黄灿灿的橙橘等水果也都是新上市。中秋夜，大户人家装饰好楼台水榭，在那里赏月，老百姓则到酒楼占座。乐曲声响彻云霄。住得离皇宫比较近的居民，夜深远远听见笙竽的声音，就像从天上传来一样。里巷的儿童，通宵嬉戏玩乐。夜市热闹非凡，一直到天亮。

九月重阳节，京城都赏菊花。菊花有几种：那黄白色、花蕊像莲蓬似的，叫“万龄菊”；粉红色的叫“桃花菊”；白色、花蕊有檀香气的叫“木香菊”；黄颜色、花朵圆圆的，叫“金铃菊”；纯白色、花朵特别大的叫“喜容菊”，到处都有菊花。酒家都用菊花扎成彩门。

京城里的人，都到郊外去登高，如仓王庙、四里桥、愁台、梁王城、砚台、毛驼冈、独乐冈等地方，在那里摆酒宴。

前一二天，各家都相互赠送粉面蒸糕，上面插上纸剪的彩色小旗，糕上嵌着各种各样的干果蜜饯，如石榴子、栗子、银杏、松子肉之类。又用面粉做成狮子蛮王的样子，放在糕上，叫作“狮蛮”。各个禅寺各有斋会，只有开宝寺、仁王寺有狮子会。和尚们都坐在狮子上，作法事，讲佛经故事，那里游人最多。到了九月下旬，就开始卖死人穿的寿衣，还有靴鞋席帽衣段等，因为十月初一，按照习俗，要把这些东西烧给故去的亲人。

这些习俗都记载在宋代孟元老写的《东京梦华录》里，原文是这样的——

中秋节前，诸店皆卖新酒，重新结络门面彩楼，花头画竿，醉仙锦旆。市人争饮，至午未间，家家无酒，拽下望子。是时螯蟹新出，石榴、榅桲、梨、枣、栗、孛萄、弄色枨橘，皆新上市。中秋夜，贵家结饰台榭，民间争占酒楼玩月。丝篁鼎沸，近内庭居民，夜深遥闻笙竽之声，宛若云外。间里儿童，连宵嬉戏。夜市骈阗，至於通晓。

九月重阳，都下赏菊，有数种：其黄白色蕊若莲房，曰：“万龄菊”；粉红色曰“桃花菊”，白而檀心曰“木香菊”，黄色而圆者曰“金铃菊”，纯白而大者曰“喜容菊”，无处无之。酒家皆以菊花缚成洞户。都人多出郊外登高，如仓王庙、四里桥、愁台、梁王城、砚台、毛驼冈、独乐冈等处宴聚。前一二日，各以粉面蒸糕遗送，上插剪彩小旗，掺饤果实，如石榴子、栗黄、银杏、松子肉之类。又以粉作狮子蛮王之状，置於糕上，谓之狮蛮。诸禅寺各有斋会，惟开宝寺、仁王寺有狮子会。诸僧皆坐狮子上，作法事讲说，游人最盛。下旬即卖冥衣靴鞋席帽衣段，以十月朔日烧献故也。

农历八月十五是中秋节，九月初九是重阳节。我们来看看，古人是怎么过这两个节日的。你会发现有些习俗到现在都保留着呢。找找看，总共有几样？有些习俗，现在已经没有了，如果有条件，可以把它恢复起来，增添一点节日气氛。

国学小贴士

传统纪年法

中国的传统纪年法称农历，又称夏历、汉历、华历。有些地方口语中，把农历也叫作阴历，其实不确。农历属于一种阴阳历：其年份分为平年和闰年。平年为十二个月，闰年为十三个月。月份分为大月和小月，大月三十天，小月二十九天，其平均历月等于一个朔望月。一年中哪个月大，哪个月小，由计算决定。农历又根据太阳的位置，把一年分成二十四节气以反映季节的变化，指导农业等事。所以，农历既有阴历又有阳历的成分。

为夫报仇的梁氏

有个人，名叫戴十，也不知道他的身世，只知道战乱之后，他居住在洛阳东南的左家庄，以给人做帮工为生。癸卯那年的秋天，八月份，一个官宦人家的门房在豆田里放马，把庄稼都踩坏了，戴十就把马赶了出去。这门房发起怒来，用马鞭子乱抽戴十，竟然把他打死了。

戴十的妻子姓梁，抬着尸体到营里去上诉。这门房是权贵人家的家奴，主人很倚重他，就用两头牛、一捧银子，去向梁氏赔罪，并且对她说："你丈夫死了，这也是天命。你的两个孩子都还小呢，拿了这些钱，可以养活一家人。即使把害死你丈夫的人杀了，对你死去的丈夫又有什么好处呢？"梁氏说："我丈夫什么过错都没有，就被打死了，这怎么能说是钱不钱的事？只要这奴才偿了命，我们母子就是要饭，也心甘情愿！"众人见说服不了她，就对梁氏说："你难道还想亲自杀了这个人不成？"梁氏说："有什么不敢的！"说着拿起刀，就要动手。大家都有点怕这个女子，也恨那个杀人犯，就下令立即处死，把他杀了。

这个故事出自《续夷坚志》，原文是这样的——

> 戴十不知何许人，乱后，居洛阳东南左家庄，以佣为业。癸卯秋八月，一通事牧马豆田中，戴逐出之。通事怒，以马策乱捶而死。妻梁氏，舁尸诣营中诉之。通事乃贵家奴，主人所倚。因以牛二头、白金一笏，就梁赎罪，且说之曰："汝夫死，亦天命。两子皆幼，得钱可以自养。就令杀此人，于死者何益？"梁氏曰："吾夫无罪而死，岂可言利？但得此奴偿死，我母子乞食，亦甘分！"众不可夺，谓梁氏曰："汝宁欲自杀此人耶？"梁氏曰："有何不敢！"因取刀，欲自斫之。众惧此妇，愤恨通事，下令即死，乃杀之。

梁氏真是一个勇敢的女子！她不仅不害怕有权有势的人，还坚决拒绝了他们的收买。因为金钱买下的，是那个恶人的命，他留在世上，很可能还要横行霸道，干伤天害理的事。梁氏在金钱面前表现出来的气节，真是叫人感佩！

国学小贴士

《续夷坚志》

《夷坚志》是南宋洪迈写的一部笔记小说集。夷坚是《列子》里提到的上古时期的一位贤者，说《山海经》里的很多事物是大禹看到、伯益命名、夷坚把它记下来的。洪迈就用《夷坚志》做了集子的名字，意思就是专门记载鬼怪故事和杂闻异录。《续夷坚志》是金代文人元好问写的，很明显是承续宋人洪迈《夷坚志》的意思。但《续夷坚志》虽为志怪小说，却生动记叙了金末元初的社会，剖析了人们的深层心理，体现了以小说存史的特点，在文言小说发展史上具有重要意义。

品茶高手张岱

听说南京桃叶渡有个叫闵汶水的人精通茶道，我就赶去品尝。从下午一直耐心地等到晚上，老人很高兴，亲手支起炉子煮茶。不一会儿就烧出一壶茶，快得如刮风下雨一般。老人把我引到另一个窗明几净的房间，室内放着几十种宜兴紫砂壶、成宣窑瓷杯，都极其精美。灯下

观茶汤,汤色和茶器的颜色完全一样,但茶香逼人,我连连叫绝,并问汶水:“这茶是什么地方出产的?”汶水老人回答说:“是阆苑茶。”我拿起茶杯又品一口,说:“别骗我,这茶是阆苑的制法,但味道不像啊。”老人暗笑着说:“那你说是什么茶呢?”我拿起茶杯再品一口,说:“怎么那么像罗岕茶啊。”老人一听,连连吐出舌头称奇。我又问泡茶的是什么水,他说是惠泉的水。我说:“别骗我!惠泉到这里千里之遥,那么远运送过来,水怎么会还那么纯净?”汶水说:“不敢再隐瞒了。我取惠泉水时,一定把井淘干净,在安静的夜里等新泉涌出,马上打上来。用层层的山石压在水瓮底下,不是顺风顺水,船就不走。这样取到的水,就是寻常的惠泉水还比不上它呢,何况其他的水!”又吐舌称奇。话没说完,就走开了。不一会儿又拿来一壶茶,满斟一杯给我,说:“您喝喝这个。”我说:“更香了,味道也更浑厚,应该是春茶吧。刚才泡的是秋茶。”老人哈哈大笑,说:“我七十岁了,见过多少品茶鉴水的人,没有一个比得上你。”于是与我相交为友。

这个精彩的品茶故事记载在《陶庵梦忆》中,原文是这样的——

汶水喜,自起当罏。茶旋煮,速如风雨。导至一室,明窗净几,荆溪壶、成宣窑瓷瓯十余种,皆精绝。灯下视茶色,与瓷瓯无别,而香气逼人,余叫绝。余问汶水曰:“此茶何产?”汶水曰:“阆苑茶也。”余再啜之,曰:“莫绐余!是阆苑制法，而味不似。”汶水匿笑曰：“客知是何产？”余再啜之，曰：“何其似罗岕甚也。”汶水吐舌曰：“奇！奇！”余问水何水，曰惠泉。余又曰：“莫绐余！惠泉走千里，水劳而圭角不动，何也？”汶水曰：“不复敢隐。其取惠水，必淘井，静夜候新泉至，旋汲之。山石磊磊藉瓮底，舟非风则勿行，放水之生磊。即寻常惠水，犹逊一头地，况他水耶！”又吐舌曰：“奇，奇！”言未毕，汶水去。少顷持一壶满斟余曰：“客啜此。”余曰：“香扑烈，味甚浑厚，此春茶耶。向瀹者的是秋采。”汶水大笑曰：“予年七十，精赏鉴者无客比。”遂定交。

明代的张岱，是一个兴趣广泛的文人，自称是“茶淫橘虐，书蠹诗魔”，也就是说，他特别喜欢品茶、尝橘，也非常喜欢看书和写诗。上面这个关于品茶的故事怎么样？张岱品茶的功夫，神吧？他不仅喝得出是什么茶，连这茶是用哪里的水泡的都喝得出呢！人都有自己的爱好，如果能精益求精，也是很好的呢！

国学小贴士

张　岱

张岱，一名维城，字宗子，又字石公，号陶庵、陶庵老人、蝶庵、古剑老人、古剑陶庵、古剑陶庵老人、古剑蝶庵老人，晚年号六休居士，浙江山阴（今浙江绍兴）人，祖籍在四川绵竹，所以有时会自称“蜀人”。他是明清之际的史学家、文学家。著有《陶庵梦忆》和《石匮书》等。史学上，张岱与谈迁、万斯同、查继佐并称“浙东四大史家”；文学创作上，张岱以小品文见长，被称为“小品圣手”。

湖心亭看雪

公元1632年，也就是明代崇祯皇帝即位的第五年，这年的农历十二月，张岱去了西湖。

这时，大雪已经下了整整三天，湖中静悄悄的，不要说人的声音，连鸟的声音都没有。这天，初更以后，也就是晚上8点左右，张岱乘一艘小船，穿上毛皮衣服，带上烧旺的小火炉，独自到湖心亭去看雪。

雪夜寒气弥漫，浓浓云气笼罩着湖面，湖面也向上蒸腾着水汽，上下相连，凝成晶莹剔透的冰雾。天和云、和

山、和水，上上下下一片洁白。湖上能影影绰绰看出点影子的，无非是堤坝的一道痕迹，小小一点的湖心亭，一根草似的小船，还有船中小到两三粒的人罢了。

到湖心亭上，看见有两个人正面对面坐着，身下铺着毡子。一个童子在一旁烧酒，炉火正旺，酒已滚烫。见到张岱，两人非常高兴，说："湖中哪里还能找得到这样的人？"于是拉着他一起喝酒。张岱勉力喝了三大杯，就和他们告别了。问他们姓什么，说是金陵人，客居在此处的。

回到船上，撑船的艄公喃喃自语说："不要说我们家相公痴，这不是还有比我家相公更痴的人嘛。"

这是张岱的名篇，原文是这样的——

崇祯五年十二月，余往西湖。大雪三日，湖中人鸟声俱绝。是日，更定矣，余挐一小舟，拥毳衣炉火，独往湖心亭看雪。雾凇沆砀，天与云、与山、与水，上下一白。湖上影子，惟长堤一痕，湖心亭一点，与余舟一芥，舟中人，两三粒而已。

到亭上，有两人铺毡对坐，一童子烧酒，炉正沸。见余大喜，曰："湖中焉得更有此人？"拉余同饮。余强饮三大白而别，问其姓氏，是金陵人，客此。

及下船，舟子喃喃曰："莫说相公痴，更有痴似相公者。"

张岱的这类文章，人们称之为“小品文”，是明清之际流行的一种文体，也叫“晚明小品文”。晚明小品文的特点是篇幅短小，大多叙写生活中的小事，随意抒发感情，风格或悠闲或活泼。张岱是晚明小品文的代表作家。这篇《湖心亭看雪》是用第一人称写的，写得很精彩，用词很特别。同学们试着读读原文，看能不能读懂。哪些字、词或句子你觉得特别有意思的，把它圈画出来，和老师或爸爸妈妈交流交流。然后，也学着写一篇“冬天里的故事”。

国学小贴士

《陶庵梦忆》

《陶庵梦忆》是明朝散文家张岱的代表作之一。张岱是明朝的遗民，用怀旧的方式，寄托追怀前朝、眷恋乡土的感情。该书共8卷，每卷有十多篇文章，其中所记大多是作者亲身经历过的杂事，文笔简练生动，描写细致，将种种世相展现在人们面前。

柳敬亭说书

明代的时候，南京有个叫柳敬亭的说书艺人，人称柳麻子，皮肤黑黑的，满脸疙瘩，平时晃晃悠悠的，外表可是一点儿也不起眼。不过，他擅长说书。每天只讲故事中的一回，定价要一两银子。必须提前十天把请柬和定金送去预订，就这样，还常常请不到。当时南京有两个艺人最红，一个是女的，叫王月生，还有一个就是这个柳麻子。我去听他讲景阳冈武松打虎的故事，和小说里写的很不一样。他对景物的描写和对人物形象的刻画，那真是细致到毫厘，但又该简则简，当断则断，语言干干净净，一点儿不唠叨。他音色浑厚，像大钟一样，故事讲到关键的地方，大声呼喝，洪亮的声音像是要把屋子震塌似的。比如，他说武松来到景阳冈酒家买酒喝，店堂里没人，武松大吼一声，店里面空着的酒缸酒瓮都嗡嗡作响。在看似不紧要的地方加以描写，细微到这种地步。听讲的人必须安安静静地坐好，集中精神听讲，他才开口；听众中只要稍微有人窃窃私语，或者打个哈欠伸个懒腰之类，他立马闭嘴，谁都勉强不了他。每到半夜，擦干净了桌椅，剔亮了油灯，用洁净的茶杯送上一杯好茶，他才开始缓缓道来。他说故事的时候，或快或慢，或轻或重，抑扬顿挫，能做到入情入理，深入到筋骨，如果把世上其他说书人的耳朵都摘下来，让他们听听柳麻子是怎么说书的，恐怕他们都得羞愧得咬舌而死了。柳麻子相貌非常丑陋，但口齿伶俐，目光敏锐，穿着得体，和王月生相比，可以说是一样的美丽，所以他们自然也就一样走红了。

这个关于说书人的故事，记载在《陶庵梦忆》中，原文是这样的——

南京柳麻子，黧黑，满面疤瘤，悠悠忽忽，土木形骸。善说书。一日说书一回，定价一两。十日前先送书帕下定，常不得空。南京一时有两行情人，王月生、柳麻子是也。余听其说景阳冈武松打虎白文，与本传大异。其描写刻画，微入毫发；然又找截干净，并不唠叨。哱夬声如巨钟，说至筋节处，叱咤叫喊，汹汹崩屋。武松到店沽酒，店内无人，謈地一吼，店中空缸空甏皆瓮瓮有声。闲中著色，细微至此。主人必屏息静坐，倾耳听之，彼方掉舌；稍见下人呫哔耳语，听者欠伸有倦色，辄不言，故不得强。每至丙夜，拭桌剪灯，素瓷静递，款款言之。其疾徐轻重，吞吐抑扬，入情入理，入筋入骨，摘世上说书之耳，而使之谛听，不怕其齰舌死也。柳麻貌奇丑，然其口角波俏，眼目流利，衣服恬静，直与王月生同其婉娈，故其行情正等。

“说书”，也就是讲故事，在古代是非常受欢迎的表演形式。张岱生动地讲述了优秀说书艺人柳敬亭的故事。张岱很善于使用对比的手法，用柳敬亭外貌的丑和行情的“俏”进行对比，把他和“婉娈”的王月生相提并论，让人心生好奇：这么一个样貌丑陋的人，为什么会这样受人追捧？张岱也很会描写，柳敬亭对说书内容的处理、他的表演技艺、他的神情台风，都写得如在眼前。如果写作文要写人，这可是很值得学习的样板。

国学小贴士

“说　话”

我们现在讲的“说书”，在唐宋时期叫“说话”。《太平广记》卷248引隋侯白《启颜录》说，杨素儿子曾要侯白“说一个好话”。“说一个好话”就是讲一个好听的故事。元稹《寄白乐天代书一百韵》说：“翰墨题名尽，光阴听话移。”“听话”，就是听故事。郭湜《高力士外传》说，高力士在唐玄宗大权旁落后，想方设法替他解闷，其中就包括“说话”，也就是讲故事。

种 梨

有个果农在集市上卖梨，梨很甜，价格也很贵。这时，走过来一个道士，穿得破破烂烂的，在他车前乞讨。果农驱赶他，他也不离开；果农很生气，就斥骂他。道士说："一车有几百个梨，我只要一个，对你也不是什么大损失，为什么这么生气呢？"围观的人都说，你就给他一个生的烂的，让他走吧，果农就是不肯。店铺里的一个雇工，被他们吵得不耐烦，就掏钱买了个梨给道士。道士谢了他，对众人说："出家人不懂得什么叫吝啬。我有好梨，拿出来给大家吃。"有人说："你既然有好梨，为什么不吃自己的，还问人家要？"道士说："我需要这颗梨的核做种呢。"于是捧着梨大口大口吃。快吃完了，把梨核拿在手里，解下肩上背的铁铲，在地上挖了一个几寸深的坑，把梨核放在里面，再用土掩上。问集市上的人要开水来浇灌。

好奇的人从临街的店铺里要来了开水，道士接过开水，慢慢倒进坑里。大家的眼睛都盯着看，只见弯弯的一叶嫩芽长出来了，一点点变大；不一会儿就长成了一棵大树，枝繁叶茂；不一会儿开了花，不一会儿结了果实。梨子又大又香，果实累累挂了一树，道人就在枝头上摘了送给看的人，不一会儿就分完了。道士用铁铲砍树，“丁丁”地响，好一会儿才砍断；他把带着叶子的树扛在肩头，从容地走了。

道士在作法时，果农也挤在人群中，伸长脖子看，完全忘记了自己的那车梨。道士走了才想起来回头看车，车上一个梨都没有了。这才明白刚才分发的，原来都是自己的梨。细看时又发现推车的把手没有了，而且明显是刚被凿断的。果农气不打一处来，急忙去追那道士。转过墙角，看到断掉的车把手被丢弃在墙下，才知道道士所砍的梨树，原来是这个东西。道士早已不知去了哪里。集市上的人都笑了。

这个故事在蒲松龄的《聊斋志异》里，原文是这样的——

有乡人货梨于市，颇甘芳，价腾贵。

有道士破巾絮衣，丐于车前。乡人咄之，亦不去；乡人怒，加以叱骂。道士曰：“一车数百颗，老衲止丐其一，于居士亦无大损，何怒为？”观者劝置劣者一枚令去，乡人执不肯。肆中佣保者，见喋聒不堪，遂出钱市一枚，付道士。道士拜谢，谓众曰：“出家人不解吝惜。我有佳梨，请出供客。”或曰：“既有之，何不自食？”曰：“吾特需此核作种。”于是掬梨大啖。且尽，把核于手，解肩上镵，坎地深数寸，纳之而覆以土。向市人索汤沃灌。

好事者于临路店索得沸渖，道士接浸坎处。万目攒视，见有勾萌出，渐大；俄成树，枝叶扶疏；倏而花，倏而实，硕大芳馥，累累满树。道人乃即树头摘赐观者，顷刻向尽。已，乃以镵伐树，丁丁良久，乃断；带叶荷肩头，从容徐步而去。

初，道士作法时，乡人亦杂众中，引领注目，竟忘其业。道士既去，始顾车中，则梨已空矣。方悟适所俵散，皆己物也。又细视车上一靶亡，是新凿断者。心大愤恨。急迹之。转过墙隅，则断靶弃垣下，始知所伐梨本，即是物也。道士不知所在。一市粲然。

同学们可能想到了：这个道士有点古代“刘谦”（魔术师）的味道。不过，除了好玩，这个故事还告诉我们什么呢？不妨和爸爸妈妈讨论讨论。也可以设想：假如卖梨的果农不是那么吝啬，而是热情地把梨送给道士，后面会发生什么呢？大胆想哦，或许你也能写个好看的故事呢！

国学小贴士

蒲松龄

蒲松龄，字留仙，又字剑臣，别号柳泉居士。出生于公元1640年，1715年辞世。山东淄川（今淄博）人。和那个时代的大部分读书人一样，他早年热衷功名，而且开局很好，19岁时参加县府的考试，县、府、道试都是第一名，成为秀才。但对于科举制度来说，秀才只是获得入学资格而已，后面还有种种考试，然而蒲松龄却再也没能如愿。他的生活主要靠的是当幕僚（类似参谋文书）和设馆（开辅导班）。然而，他写的《聊斋志异》却让他青史留名，成为清代著名的小说家、文学家。

改过自新的老虎

赵城有个老婆婆,70多岁了,就一个儿子。一天她儿子进山去,被老虎吃了。老婆婆伤心得几乎活不下去,哭哭啼啼去告官。官员笑着说:“老虎怎么能用官法制裁呢?”老婆婆放声大哭,止都止不住。官员呵斥她,她也不怕。官员怜悯她是个老人,不忍心用官威吓唬她,就敷衍说:“好好,我们去捉虎。”老婆婆匍匐在地上不走,一定要官员把捉虎的公文发下来才肯离开。官员无可奈何,就问那些当差的,谁能去捉老虎。有个叫李能的,喝醉了酒,就站出来说:“我能。”他领了公文,老婆婆才离开。

李能拿着捕虎的公文,召集一班猎人,日日夜夜埋伏在山谷里,希望能逮到一头老虎可以交差。可一个多月过去了,连根老虎毛也没摸到。因为没按时完成任务,被打了几百棒,苦得不得了。于是他们就跑到城东寺庙,跪在那里祈求,失声痛哭。没多久,来了一只老虎。大家吓坏了,怕被它吃了。奇怪的是,老虎进来后,一动不动,就蹲在那里。李能说:“如果你就是那只吃人的老虎,就让我把你捆起来。”他拿出绳索，系在老虎的脖子上，老虎乖乖地束手就擒。把它牵到官衙里，官员问老虎：“老婆婆的儿子是你吃的吗？”老虎点点头。官员说：“律法规定，杀人是要偿命的。再说老婆婆就这一个儿子，你把他吃了，她那么大年纪，怎么活下去？如果你能做她的儿子，我就饶了你。”老虎又点点头。于是官员就把它放了。

老婆婆正埋怨官员没有杀了老虎为儿子偿命，没想到第二天一开门，就有一只死鹿放在门口。老婆婆把鹿的皮和肉卖了，就有钱买柴米油盐了。从此，老虎一直供养着老婆婆，直到她去世。

《聊斋志异》里这个故事叫《赵城虎》，原文是这样的——

> 赵城妪，年七十余，止一子。一日入山，为虎所噬。妪悲痛，几不欲活，号啼而诉之宰。宰笑曰：“虎何可以官法制之乎？”妪愈号咷，不能制之。宰叱之，亦不畏惧。又怜其老，不忍加威怒，遂给之，诺捉虎。媪伏不去，必待勾牒出，乃肯行。宰无奈之，即问诸役，谁能往者。一隶名李能，醺醉，诣座下，自言：“能之。”持牒下，妪始去。……隶集猎人，日夜伏山谷，冀得一虎庶可塞责。月余，受杖数百，冤苦罔控。遂诣东郭岳庙，跪而祝之，哭失声。无何，一虎自外来。隶错愕，恐被咥噬。虎入，殊不他顾，蹲立门中。隶祝曰：“如杀某子者尔也，其俯听吾缚。”遂出

缧索絷虎项，虎帖耳受缚。牵达县署，宰问虎曰："某子尔噬之耶？"虎颔之。宰曰："杀人者死，古之定律。且妪止一子，而尔杀之，彼残年垂尽，何以生活？倘尔能为若子也，我将赦之。"虎又颔之。乃释缚令去。媪方怨宰之不杀虎以偿子也，迟旦，启扉，则有死鹿；妪货其肉革，用以资度。自是以为常……

很多同学可能读过蒲松龄写的《狼》，这个故事写的是老虎。《聊斋志异》里还有很多动物故事，比如蛇、蟒、狗、鼠……有兴趣的同学可以请爸爸妈妈讲讲。

国学小贴士

《聊斋志异》

《聊斋志异》是蒲松龄花了十多年时间写成的文言短篇小说集。主要讲述的是狐精鬼魅的故事，也有一些奇人异事。蒲松龄想象丰富，文笔出色，所写的故事好听好看，引人入胜。作品反映的社会生活面很广，对科举以及其他种种社会问题都有积极的反思。《聊斋志异》对后世影响很大，其中的作品多有被改编为电影电视戏曲的。

屠夫与狼

在古代，杀猪和卖肉是“一条龙”的。不像现在，有专门的屠宰场，牲口在那里宰杀完毕，再由专门的店出售。过去，杀猪的就是卖肉的，人们叫他们“屠夫”。在我们这个故事中，作者叫他“屠人”。

有一天，屠夫卖了肉回家，天已快黑了。忽然，一匹狼出现了。屠夫的担子上还有些肉没卖完，狼看着那块

肉，一副垂涎欲滴的样子，尾随屠夫走了好几里路。屠夫有点害怕，就拿出杀猪刀来给狼看，狼看见屠刀，后退了几步，可是等屠夫回身上路，它又跟上来了。屠夫没办法，心想，它不就是看上了那块肉吗？不如我把肉挂在树上，断了它的念想。我明天早上再来拿就是。于是，他踮起脚，把肉挂到树上，然后把空担子给狼看，狼总算不再跟着他了。屠夫就这样回了家。第二天天刚亮，屠夫就出门去拿肉。远远看见树上挂着个大东西，像有人上吊似的，屠夫大吃一惊。他迟迟疑疑地走近一看，原来是只死狼。抬起头来仔细瞧，那狼的嘴里还含着肉。肉上的铁钩扎进狼的上颚，就像鱼吞食鱼饵被鱼钩挂住一样。当时，狼皮老值钱啦，一张狼皮可以卖十多两银子，屠夫卖了它，日用开销一下子变得宽裕了。

这个故事是蒲松龄写在《聊斋志异》里的，原文是这样的——

有屠人货肉归，日已暮。欻一狼来，瞰担中肉，似甚垂涎，随屠尾行数里。屠惧，示之以刃，少却；及走，又从之。屠思狼所欲者肉，不如悬诸树而早取之。遂钩肉，翘足挂树间，示以空担。狼乃止。屠归。昧爽往取肉，遥望树上悬巨物，似人缢死状，大骇。逡巡近视，则死狼也。仰首细审，见狼口中含肉，钩刺狼腭，如鱼吞饵。时狼皮价昂，直十余金，屠小裕焉。

这则故事中，屠夫一直在想办法摆脱狼的纠缠，先是用屠刀警告它，后来又把肉挂到树上，让狼没啥好留恋的。没想到狼如此贪心，屠夫踮起脚挂肉，就是想挂得高高的，不让狼吃。可是狼也踮起脚来去咬，结果被铁钩勾住，丢了性命。

有的同学可能听说过，《聊斋志异》是写狐精鬼魅的，其实，《聊斋志异》的内容很丰富，其中也有几篇是写狼的。这一篇里，就有三则屠夫和狼的故事。除了上面的故事外，还有屠夫和两只狼斗智斗勇的故事，可以请爸爸妈妈把下面这则故事讲给你听听。如果你自己能大致看懂，去讲给爸爸妈妈听，那就更棒啦！

一屠晚归，担中肉尽，止剩骨。途遇两狼，缀行甚远。屠惧，投以骨。一狼得骨止，一狼又从；复投之，后狼止而前狼又至；骨已尽，而两狼并驱如故。屠大窘，恐前后受其敌。顾野有麦场，场主积薪其中，苫蔽成丘。屠乃奔倚其下，弛担持刀。狼不敢前，眈眈相向。少时，一狼径去；其一犬坐于前，久之，目似瞑，意暇甚。屠暴起，以刀劈狼首，又数刀毙之。转视积薪后，一狼洞其中，意将隧入以攻其后也。身已半入，露其尾。屠自后断其股，亦毙之。方悟前狼假寐，盖以诱敌。狼亦黠矣！而顷刻两毙，禽兽之变诈几何哉，止增笑耳！

国学小贴士

解元、会元和状元

科举考试要经过三轮。第一轮是三年一次的乡试，也叫“秋闱”，通过者为举人，第一名称解元；第二轮是次年三月的会试，也叫“春闱”，通过者为贡士，第一名为会元；第三轮是次年四月的殿试，通过者为进士，第一名称状元。

春日欢乐游

苏州有南园、北园两个地方，菜花黄时，很想去游赏。可惜没有酒家可以喝上一杯。带食盒去吧，到那里对花喝冷酒，也很没味道。朋友中有人说到附近去找个酒家，有人说干脆赏完花再回来喝。说来说去，总觉得还是一边赏花一边喝热酒最爽。就在商议不定的时候，芸娘笑着说："明天你们只管把各自的份子钱拿来，我自有办法让你们吃上热的。"众人笑着说："好吧。"大家走后，我问芸娘："你真的亲自去？"芸娘说："不是。我看集市上卖馄饨的，一副担子锅、碗、灶头都齐全，为什么不雇佣他去？我先把菜肴什么的准备好，到那里下锅，茶酒都方便的。"我说："酒菜固然方便，可怎么煮茶呢？"芸娘说："带个砂罐，把铁叉穿在砂罐柄里，拿掉锅，悬在灶上，加柴火煎茶，不也很方便？"我拍手叫好。街上有个卖馄饨的人，姓鲍，我花一百文钱，连人带担雇了，约定明天午后出发。他很爽气地答应了。

第二天午饭后一起前往南园，找一处柳荫，团团围坐。先煮茶，喝完茶，就温酒、烧菜。这时风和日丽，菜花一片金黄，俊男靓女，漫步在小径上，蝴蝶、蜜蜂往来飞舞。这美好的景色，让人不喝酒也醉了。过一会儿，酒热了，菜也熟了，我们就坐在地上大吃起来。那卖馄饨的也不是俗人，就拉他一同喝酒。游人看着我们，都羡慕极了，佩服我们怎么想得出来。吃到后来，酒杯、菜盘乱糟糟的，各人都有了醉意。有坐，有躺，有唱歌的，有长啸的。夕阳西下，我想着要喝粥，挑馄饨担的人就去买米来烧，吃得饱饱的才回去。芸娘问："今天玩得开心吗？"大家都说："要不是仰仗夫人您的大力，哪能玩得这么开心。"

这个故事是沈复《浮生六记》"闲游记趣"中的一段，原文是这样的——

苏城有南园、北园二处，菜花黄时，苦无酒家小饮。携盒而往，对花冷饮，殊无意味。或议就近觅饮者，或议看花归饮者，终不如对花热饮为快。众议未定。芸笑曰："明日但各出杖头钱，我自担炉火来。"众笑曰："诺。"众去，余问曰："卿果自往乎？"芸曰："非也，妾见市中卖馄饨者，其担锅、灶无不备，盍雇之而往？妾先烹调端整，到彼处再一下锅，茶酒两便。"余曰："酒菜固便矣，茶乏烹具。"芸曰："携一砂罐去，以铁叉串罐柄，去其锅，悬于行灶中，加柴火煎茶，不亦便乎？"余鼓掌称善。街头有鲍姓者，卖馄饨为业，以百钱雇其担，约以明日午后，鲍欣然允议。明日……至南园，择柳阴下团坐。先烹茗，饮毕，然后暖酒烹肴。是时风和日丽，遍地黄金，青衫红袖，越阡度陌，蝶蜂乱飞，令人不饮自醉。既而酒肴俱熟，坐地大嚼，担者颇不俗，拉与同饮。游人见之莫不羡为奇想。杯盘狼藉，各已陶然，或坐或卧，或歌或啸。红日将颓，余思粥，担者即为买米煮之，果腹而归。芸曰："今日之游乐乎？"众曰："非夫人之力不及此。"

读完这个故事，你可以做两件事：

第一，想一个好玩的点子，让全家人都感到很快乐；

第二，把这件好玩的事写下来。

国学小贴士

《浮生六记》

《浮生六记》是一本非常有意思的书。清朝人杨引传在苏州的冷摊上发现了《浮生六记》的残稿，只有4卷。他就把它交给了当时在上海主持申报闻尊阁的王韬，王韬以活字板刊行于1877年。《浮生六记》的作者是清朝的沈复，字三白，号梅逸，长洲人。从内容看，应该是他的自传体散文集。著于嘉庆十三年(1808)。"浮生"二字典出李白诗《春夜宴从弟桃李园序》中"夫天地者，万物之逆旅也；光阴者，百代之过客也。而浮生若梦，为欢几何"？"六记"包括"闺房记乐""闲情记趣""坎坷记愁""浪游记快""中山记历"和"养生记道"。

图书在版编目(CIP)数据

100个国学小故事 / 王意如编著. —上海：文汇出版社，2023.6

ISBN 978-7-5496-4029-4

Ⅰ.①1… Ⅱ.①王… Ⅲ.①国学—小学—教学参考资料 Ⅳ.①G624.203

中国国家版本馆CIP数据核字(2023)第077541号

100个国学小故事

编　　著 / 王意如

策划编辑 / 陈今夫
责任编辑 / 陈　屹
封面装帧 / 沈佳琪

出版发行 / 文匯出版社
上海市威海路755号
(邮政编码 200041)
经　　销 / 全国新华书店
排　　版 / 南京展望文化发展有限公司
印刷装订 / 启东市人民印刷有限公司
版　　次 / 2023年6月第1版
印　　次 / 2023年6月第1次印刷
开　　本 / 889×1194　1/32
字　　数 / 220千字
印　　张 / 11.25

ISBN 978-7-5496-4029-4
定　　价 / 49.00元